制度複雑性のマネジメント

論理の錯綜と組織の対応

舟津昌平 [著]

東京 白桃書房 神田

まえがき

　本書は，複数の組織がイノベーションをめざして協働する際に生じる「制度複雑性」に対処するために，それぞれの組織がどのような行動をとるかについて考察することを目的としている。冒頭から「制度複雑性」なる概念が出現した時点で，よくわからない，暗号のようだと思われた方もいるだろう。経営学研究者が中心的な読者であるとしても，ほとんどの方にとって難解な，よくわからない語彙が本書では頻繁に用いられる。執筆にあたってはそのような理解し難さ，難解さを超えてインプリケーションをうみだせるよう腐心したことについて，先にお断りとお詫びをしたい。

　「制度論」は関連研究が今なお大量に発表される一大学派である。制度論が援用される分野は多岐にわたり，経営学もその有力な一群となっている。同時に，制度論の研究や文献が紹介されるたびに耳にする評がある。「わかりにくい」である。本書の執筆時期に日本語訳が刊行され話題となった『経営学の危機』では，「こんな文章，誰が読解できるというのか」という難解なアブストラクトの例が挙げられ，その例には本書の鍵概念である「制度ロジック」が含まれている。制度論は，これだけ多くの研究者が発信していながら，多くの人はわかりにくいと思っている不思議な理論である。学問が誰に向けたものなのか考えてみれば不思議で済むものでもなく，より反省的に問題視されるべきことかもしれない。本書は，そうした外延的なイメージ，制度論につきまとってしまった主に悪いイメージに少しでも抗い，是正することを意識して書かれている。制度論はわかりにくい。それでもたくさんの研究がなされるのは，制度論に学術的意義と魅力があるからに他ならない。それが少しでも伝われば幸いである。

　また本書のもう一つのテーマが，科学と事業の関係である。社会を豊かにするイノベーションの創出には科学研究が欠かせない。同時に現代では企業が科学研究の内製から徐々に撤退しつつあり，大学をはじめとする外部組織と連携することが増えているといわれる。このオープン化の流れにおいて，

組織の協働の実際は，どうなっているのだろうか。組織間連携は必ずしも成功裏に進むわけでもなく，おりにふれてふしぶしでコンフリクトが生じ，プロジェクトの進行を阻害する。それはきっと，「誰が悪い」というわけでもない。なぜなら協働する組織には，それぞれに正統で合理的な論理があり，だからこそコンフリクトが生じるという背景がある。単体では正統で合理的な組織同士が，協働すると整合性をとれなくなる不思議が，そこにはある。そのコンフリクトをいかに乗り越えイノベーションを享受するのかが，本書の主題である。現実世界で協働に携わり，イノベーションを達成すべく奔走した人々の姿が少しでも描けていれば幸いである。

　筆者は京都大学大学院の博士後期課程のときに制度論と出遭った。きっかけは指導教員であった椙山泰生先生（現椙山女学園大学）の言だった。あなたの問題意識には制度論がマッチするだろうという理由で，博士論文や今後の研究のドメインとなる学術理論として，制度論を扱うことをアドバイスされたのだ。当時は制度論をめぐるあれこれも何も知らず，何も考えずに請け負った。苦難の多いけものみちではあったものの，結果的に正しい道であったことを今は確信している。

　本書の出版にあたり，多くの方に感謝を申し上げないといけない。まず，本書のベースとなる博士論文のご指導を賜った，京都大学時代の恩師である椙山泰生先生である。先生は，ご自身が制度論の研究をしているわけではないにも関わらず，筆者に制度論を薦めた。その采配がまったく素晴らしいものだったことに，先生の度胸と慧眼に，驚くばかりである。先生について語るにおいて，指導スタイルが常に思い出される。先生のところに論文の草稿を，場合によっては数十頁持っていく。先生はそれを一瞥して，せいぜい数行を赤ペンでチェックして「ここがおかしいね」といって返す。ものの数分である。学恩の表現として「先生からいただいた，訂正や校正で真っ赤になった原稿は宝物である」という文がよく見受けられる。私の原稿が真っ赤になったことは一度としてなかった。そのヒントの少なさが，私にとってはとにかく勉強になった。先生が何を気にしたのか。何に引っ掛かったのか。ときに答えも確信もなく何度も推敲した結果，私の拙い原稿は少しでも読めるようなものになっていった。手取り足取り教え「ない」ことが，教育におい

ていかに大事であるか，博士課程を修了して数年経った現在，主に学部生を対象として教育する側に回ってみて痛感する。先生の指導は，自主性を尊ぶ京都大学の理念をそのまま体現したようなものであった。椙山先生には感謝にたえない。

副指導教員であった若林直樹先生にも多大な学恩がある。先生には学術的な指導もさることながら，アルバイトとしてケース教材執筆の仕事を任せていただいたり，秘書の桑原徳子さんや院生の方々とのインフォーマルなコミュニケーションにも数多く混ぜていただいた。何もわからずに研究課程にとびこんだ筆者にとって，若林研のネットワークが何度も救いになった。ネットワーク理論を扱われる若林先生からいただいたネットワークが，本書の執筆にも多分に寄与している。

山内裕先生には，研究に関するアドバイスを含めてさまざまな形でご支援をいただいた。博士論文の審査会の後，わざわざ時間をとって博士論文の問題について丁寧にご指摘いただき，恥ずかしながら博論提出後に改めて研究の本質について啓蒙された。三菱カンファレンスや企業との調査研究プロジェクトなど，研究発表・学術調査の機会に何度もお声掛けいただいたことも，本書に欠かせない構成要素となっている。

また，京都大学在学中はさまざまな方にお世話になった。日置弘一郎先生，武石彰先生に賜った講義は，今でも思い出されるほど印象深い。ジュニアリサーチャーや特定助教として在籍した時期には，佐々木啓明先生，黒澤隆文先生，砂川伸幸先生らに，「仕事」を通じてさまざまなサポートをいただいた。経営管理大学院時代には，宇野伸宏先生，久保田善明先生，小林潔司先生，原良憲先生にもお世話になった。研究課程とは異なる環境で経営学を学べたことは，現在のキャリアにもおおいに寄与している。

2020年の春に着任して以降，京都産業大学の諸先生方やスタッフの方々にも，大変お世話になっている。「コロナ元年」の年に着任し，世の中が不確実性に揺れ動く中で，皆様には大変親身にご助力いただいた。お世話になったすべての方のお名前を挙げることは紙幅の都合上難しいものの，特に着任時の学部長であった具承桓先生をはじめ，佐々木利廣先生，在間敬子先生，松本和明先生，久保亮一先生，伊吹勇亮先生，井口衡先生，シンハヨン先生，

　須賀涼太先生には特に新入りに気を遣っていただき，素晴らしい環境のなか
で研究を前進させることができた。

　このほか，本書の執筆のもととなる論文について，貴重なアドバイスをい
ただいた皆様に，この場を借りて御礼申し上げる。本書の一部となる論文の
SE を務めていただいた高尾義明先生（東京都立大学）には，大学の後輩とい
うこともあって何かと気にかけていただき，親身なアドバイスをたくさんい
ただいた。涌田幸宏先生（名古屋大学），山田仁一郎先生（京都大学），高橋
勅徳先生（東京都立大学）には，制度論研究の先達としてときに直接のコミ
ュニケーションを伴って，さまざまにご講義をいただいた。伊藤智明先生（京
都大学）には，本書の第6章の研究アイデアについて共同研究しないかと「も
ちこみ」でお声掛けいただいた。研究課程の繋がりでは，中本龍市先生（九
州大学），田原慎介先生（公立諏訪東京理科大学），渡部暢先生（茨城キリスト
教大学）をはじめとする方々に，公私に渡りご支援いただいた。勤勉な後輩
の張益民さんには，第6章の場所性の文献をはじめとして多数の文献をご紹
介いただいた。ほかにも組織学会や三菱カンファレンス，日本ベンチャー学
会，EGOS（European Group for Organizational Studies）など，さまざまな場
で研究にコメントやアドバイスをいただいた方が，書ききれないほどいらっ
しゃることを申し添えておきたい。

　本書の執筆に必須となる調査，特にインタビュー調査にご協力いただいた
皆様にも，この場を借りて御礼申し上げたい。本書のすべての事例は匿名化
されており，ここでお名前を申し上げることはできない。しかし，筆者の研
究のために多忙な時間を割いて快く調査にご協力いただいた方によって，本
書の研究は成り立っている。実務にとって少しでも意味のある文献になって
いれば幸いである。

　本書の出版にあたっては，白桃書房社長の大矢栄一郎氏，編集部の佐藤円
氏に大変お世話になった。筆者の出版のお願いを快くお引き受けいただき，
筆者の自由を尊重しながらも執筆の機会を与えていただいたことには，感謝
することしかできない。

　さらに本書を構成する研究の一部では JSPS 科研費 JP21K13377 の助成を，
また研究書としての出版にあたり京都産業大学出版助成金の助成を受けてい

る。これらの財政的な援助なくして，本書の刊行はなされなかった。記して感謝の意を表したい。

　最後に，研究者としてキャリアを歩むことを支援してくれた，両親をはじめとする家族に感謝したい。財政的支援はもちろんのこと，研究者にとって欠かせない「考える」習慣は，生育環境において付与されたものだと述懐する。そのような環境をマネジメントしてくれた両親に，本書を捧げたい。

2022 年秋　紅葉直前の京都にて

舟津　昌平

目　次

文献初出一覧

序章：書き下ろし

第1章：舟津昌平（2019）．「制度ロジック多元性下における組織のイノベーションマネジメント―文献調査に基づく理論研究―」『赤門マネジメント・レビュー』18（4），117-146. より。但し，執筆にあたって大幅に加筆修正している。

第2章：書き下ろし

第3章：Funatsu, S., & Sugiyama, Y. (2017). Inherent logic multiplicity and deposition of institutional logic: Qualitative study on open innovation. Kyoto University Graduate School of Economics Discussion Paper Series, E-17-011, 1-23. より。但し，執筆にあたって大幅に加筆修正している。

第4章：舟津昌平（2020）．「制度ロジック多元性下において科学と事業を両立させる組織の対応―産学連携プロジェクトを題材とした事例研究―」『組織科学』54（2），48-61. より。但し，執筆にあたって大幅に加筆修正している。

第5章：舟津昌平（2021）．「産学連携における役割の決まり方―発生学メタファーによる試論」『経済論叢』195（3），87-102. より。但し，執筆にあたって大幅に加筆修正している。

第6章：舟津昌平・伊藤智明・椙山泰生（2022）．「同床異夢の成立プロセス―ベンチャー企業による制度複雑性への対処―」『日本ベンチャー学会誌 Venture Review』40, 66-79. より。但し，執筆にあたって大幅に加筆修正している。

第7章：書き下ろし

終章：書き下ろし

序　章

論理の錯綜と
イノベーション
——問題の所在と本書の目的

"I say, 'High', you say, 'Low'

You say, 'Why?' And I say, 'I don't know'

Oh no

You say, 'Goodbye' and I say, 'Hello, hello, hello'

...

I don't know why you say, 'Goodbye' and I say, 'Hello'"

——McCartney（1967）

1　なぜ〈話が合わない〉のか

　本書の大きなテーマは「組織が制度複雑性に対処すること」である。この抽象的なテーマについて，まずはいくつかの具体的で短い事例から考えていこう。たとえばこういった話である。

事例①

　取引先から仕事の打診を受けた営業の社員が「これならウチでできます。任せてください」といって仕事をとってきた。ところがその案件を技術者にみせたところ「これはウチでできるようなものではない。断ってほしい」といわれてしまった。

事例②

　大学の先生が，企業で働く友人と話している。「大学の先生って，何が仕事なの？」「まあ，色々あるけど，仕事の中心は論文を書くことだね」と説明した。友人が訊く。「論文を書いたらお金とか出るの？」「いや，お金にはならない。ふつうお給料も増えない」「書かなかったら給料減らされるの？」「場合によってはあり得るかな？でも，一概にそういうわけでもない」。

　友人が不思議がる。「自分は，仕事はお金を生み出すものって感覚があるから，全然わからないなあ。お金にもならないなら論文なんか書かずに，お金になりそうなことに時間を割いたら良いのに」。先生は，ちょっとムッとしてしまった。

事例③

　ある障がい者施設の経営に関して研究者が相談を受けた。その施設ではクッキーを製造販売しており，赤字体質が慢性化している。研究者が調べたところ，「過剰生産」が赤字の原因だった。つまり作り過ぎているのだ。

　そこで，次のようにアドバイスした。「今，生産し過ぎているんですよ。生産能力と現在の売れ行きを考えたら，週3日の労働で，週休4日でも十分生産が追いつきますし，むしろコストカットができます。休みを増やせば黒字になる。こんな良いこともないでしょう」。

　しかし，施設の関係者は渋い顔をする。「いえ，週の労働時間は減らせません。我々の仕事は，障がい者の方に週5日働いてもらうことですから」。

　以上，事例を三つ挙げた。事例に共通するのは，二者間の対話であること，そして互いに少し話がズレていること，だろう。このまま話を続けても，両者がわかりあうことは容易ではない。二つの主張がコンフリクトを起こしている状態である。

　なぜ，話が合わないのだろうか？話が合わないというのは，誰でも遭遇したことのある，多くは嫌な経験だろう。自分が正しいと信じて疑わない，そうすべきだと思ったことが，他者から嫌がられ，おかしいと否定される。こ

んな話は世の中に溢れているし，正直なところ絶対的な処方箋もない。その結果として，善悪や勝敗を決めにかかり，片方を悪者や敗者にしてしまうという「解決法」がよく用いられる。近年，より勢力と実効力を強めつつあるとされる「分断」的な手法である。自分がいかに正しく，相手が間違っているかについて手練手管を尽くして喧伝し，論破し，「勝利」をめざす。残念ながら社会のあらゆるところで見受けられ，かつ一定の人気も得ている手法だ。他に，互いに無視して距離をとる選択も考えられる。関与を諦めて相手を無視すれば，コンフリクト(1)のストレスに晒されることはなくなる。

　ただ，それらの方法では，スカッとしたり溜飲が下がることはあっても，あるいは摩擦のストレスを緩和できても，両者の対話が復活することはないだろう。短期的には満足感を得られるであろうものの，長期的にみて両者の協働が成立し，互いに利益を享受しあう互酬関係は築けない。それは，トータルでみれば，個人にとっても組織にとっても社会にとっても機会の損失であり，成長と互酬のチャンスを失うことになる。そういった対立をいかに乗り越えるのか。そして，協働の果実を享受し合うのか。これが，本書の大きなテーマである。

　先ほどの事例について，細かくみてみよう。事例①は，企業で働く方ならありふれているとすらいえるかもしれない。事例①の問題の所在は，「それぞれの立場からすれば，正しく，合理的なことを主張している」ことにある。営業の仕事は，仕事をとってくることにある。えり好みしていてはとれる仕事もとれないので，いけそうだと思ったら仕事をとってくるのが営業の論理だ，といわれれば，それなりの納得感もあるだろう。

　他方で，技術者の論理は異なっている。技術者の関心は手元の技術にあり，自らの手持ちの技術で解決可能なことに携わる，というのが主導的な原理であろう。また技術者は技術を用いた製品・サービスそのものの開発に携わっているので，技術的に可能かという点について知識が豊富である。ゆえに技術中心的な観点から，「この案件はできないから断ってくれ」というのが，合理的な回答になる。

　ここまで読めば至極シンプルな問題であり，揉め事に至るほどにも感じられなかったかもしれない。しかし，不思議なことにこれが当事者の，特に片

方の視点に立つとなると，なかなかこの対立構図が読み取れない。その証拠に，こんなに簡潔な構図で説明できることが，未だに解決されず世に溢れている。

こんなことが起きる一つの理由は，それぞれがあまりに当然視された規範に従い，自身の意思決定と行動に「正しさ」を感じているからであろう。営業には営業の，技術者には技術者の，長年部署内で培われ，自身も教育訓練を受け，身に着けた思考・行動様式がある。それは個人の嗜好を超えて集団的に共有されるものであり，当然視され，正統性を確立している。ゆえに，正しさを疑わず行動する。その結果として，コンフリクトが生じるのである。こうした背景を鑑みると，営業と技術者の対立は，単なる善悪の問題ともいえない。また，コンフリクトが起きないように両者で関わらないようにすると，そもそも会社の仕事が成り立たなくなる。企業組織は，対立を超えないと成果を享受できない。両者は，コンフリクトを覚悟で関与を選択しないといけない。

但しこの事例は，経営学において古典的とすらいえる「分化」現象として解釈することが妥当である。分化（differentiation）と統合（integration）は，ローレンス・ローシュ（1977）といった組織論の古典かつ金字塔となる業績においても扱われてきた，中核かつ重要なテーマである。組織は専門性に基づいて分業を行い，効率性を達成する。組織論の基本中の基本であり，専門的分業を行っていない組織などないといってよい。しかし，分業は単なる分業にとどまらず，分化していく。専門化が進行すると，現場で得られた情報を伝達する際に，受け手側にとっての情報が不足するために真偽や質の判断が困難となる。ゆえに，分業を担う部門に権力が生じる。この権力は部門間のコンフリクトにも繋がり，組織構成員の知覚や行動にも影響を及ぼす。営業と技術という分業にとどまらず，部門特有の知覚や行動のパターンが確立されていくのが分化である。

つまり，分業は単なる仕事の割り当てにとどまることはなく，分化によって社会文化的な特徴の違いにまで発展するのである（川上，2009）。事例①のような諍いがときに感情的な問題として矮小化されてしまうのは，こうした必然的に生じる社会文化的な側面を看過しているからであると推察される。

人間的に幼いから感情的になるのではない。組織的に高度化し，分業が進展するから分化し，個人への内面化が起きるのである。なお分化が生じさせる問題は，統合によって解決すべきだと考えられてきた（ローレンス・ローシュ，1977）。環境の不確実性に対して，分化してしまった各機能を統合させる組織の能力こそがパフォーマンスを左右するのである。

　次に，事例②を考えよう。事例②は，二者の意見が対立しているという点では①と同じである。しかし，組織内の分業に端を発した問題ではないので，①のように分化と統合のフレームワークではその差を読み解けない。いっぽうで①と②には近似した構図もみられる。大学の先生は，自分の仕事が論文を書くことであると信じて疑っておらず，ごく当たり前のこととして受け入れている。他方で友人の会社員は，仕事とはお金を生み出すものであるとこれまた当たり前に考えているので，お金に直結しない論文執筆が仕事の中心となることに疑問を抱いている。

　この差は，二者が所属する組織の性質の差に起因すると考えられる。友人の会社員は企業に勤めている。企業はいうまでもなく営利組織であり，組織に営利をもたらす行動が最優先され，正当化される。なので，仕事を選択する基準は営利をもたらすかどうかであり，お金を生むのが仕事だという価値観が規範化される。他方で，大学の先生が所属する大学組織は，（現在のところ）営利を主目的とした組織ではない。大学は大学で規範が多々入り混じり，価値観を単純化できない組織ではあるものの，少なくともその構成員である教員は，組織の営利，特に経済的成果を最優先して行動することがない。そして教員は，研究者／科学者という側面も持ち合わせている。科学者の世界では，より良いジャーナルでより良い論文を発表することが重要視されており，学界での地位を決めているとすらいえる。その点で，科学者による論文の執筆は，ふつうお金が絡まないというだけであり，無償のボランティアをしているのではない。科学者なりの（非金銭的）インセンティブが働く利己的な行動なのである。

　このように，事例②における意見の相違は，二者が所属する組織，および業界レベルで共有された規範や行動様式の差異に基づいている。こうした差異は超個人的，つまり個人の嗜好／志向を超えて存在し，個人に影響を与え

る。さらには，超組織的でもある。そういった傾向と特徴は組織が独自に見出したものではなく，企業が経済界にあるからこそ，大学が学界にあるからこそ生まれたものだからである。そして，このような超個人的・超組織的に存在する規範や行動様式を，本書では〈制度〉とよぶ。

さて，事例②のような対立は，どうやって解消されうるだろうか。この事例でもやはり，一概に善悪や巧拙，優劣は導けないように思われる（もしその判断が自明に行えると考えた方がいれば，それは片方の論理に「肩入れ」しているからである）。だが，この二者は単なる友人関係であるので，距離をとることは簡単であろう。大学の先生は，この友人にしばらく連絡をとらないようにするかもしれない。

最後に，事例③を考えてみよう。この事例もまた，事例②と相似した点がいくつか見出せる。研究者の提案は，明らかに〈事業の論理〉に基づいたものである。コストとパフォーマンスを較量し，利潤を最大化する方策を見出す。その結果，生産過剰が多大なコストを招いていることを指摘し，労働と生産量を減らすことを提案した。この提案は，事業的な観点からすれば，至極「合理的」なはずだ。

しかし，施設の関係者は，提案を快く受け入れられない。なぜなら，「我々の仕事は，障がい者の方の就労支援だ」という理念があるからだ。実際のところ，障がい者施設は営利組織でもあり営利組織ではない，社会的企業（social enterprise）の側面をもつ。事例③のように事業を営む障がい者施設においては，労働機会の獲得が自由競争として行われれば相対劣位にならざるを得ない障がい者に優先的に就労機会を提供する，という大目的がある。営利を求めるのは，この前提を満たしてからである。

さらには，ステークホルダーの存在も影響している。施設の関係者は述べたそうだ。「ご家族の方からも，できるだけ週5日，たくさん働けるようにしてほしいといわれている」と。障がい者とその家族は，自分たちが社会から疎外されるのでないかという懸念と常に闘っている。ゆえに，「ただ，与えられる者」として振る舞うのでなく，自身らも生産に関与し，労働に従事したいという願望を抱いている。だから，経営上は週3日で十分だといわれても，週5日働きたいと思うようになる。そして施設関係者も，基本的には

障がい者とその家族の「味方」として意思決定をする。

　この〈福祉の論理〉は，コストパフォーマンスの結果としての経済成果を希求する〈事業の論理〉とは簡単に相容れないものである。この事例における福祉の論理は個人の論理であり組織の論理ではないと解釈することも可能ではあるものの，言い分には十分な理屈が通っており，その感情も理解可能ではある。そして，福祉という制度はそういった思想に同調して発展してきたものでもある。自ら福祉の世界に身を投じて働く施設の人々が，福祉の論理に従うのは全く自然なことである。

　しかし，繰り返すように，障がい者施設は福祉の論理も事業の論理も両立しないと立ちいかなくなる。補助金頼みでの経営は，組織の存続を脅かす。組織の採算が過剰生産によって圧迫されているのであれば，生産を減らしていくのが事業者として合理的な意思決定である。同時に，福祉の論理を失くして障がい者施設は存在し得ない。福祉の論理は関係者にとってアイデンティティとすらなっているものであり，その否定や変容は，より大きなコンフリクト，具体的には従業員の離脱や組織の崩壊といった結果を招きかねない。

　さらに頭の痛いことに，福祉の論理と事業の論理は袂をわかつことができない，絶対的に「同床異夢」にならざるを得ない関係にある。二つの論理に正誤や善悪は容易につけられない（障がい者施設という性質からすれば，福祉が優越されることはあり得る）。距離を置くにも限界がある。話が合わない友人と連絡をとらないこととはわけが違う。個人の好みを超えて，価値観を超えて，障がい者施設は二つの論理を両立しながら経営しないと，存続することはできない。

　以上，事例を三つ用いて，「二者間の論理の対立」について考察してきた。このように考えると，世にある対立の少なからずは，次のような特徴を備えているはずだ。

1.　それぞれの依拠する論理に基づけば，それぞれの主張は「合理的」で，「正しく」，「当然視される」ものである。各自が属するコミュニティにおいては，当然のこととして受容される。

2. その主張は，個人が独自に見出したというよりは，超個人・超組織的な背景を有しており，個人や組織はそれらの影響を受けて行動している。ゆえに，同様の主張を行う個人・組織は，社会の一部分でありながらも社会全体に遍在している。

3. 複数の論理によるコンフリクトは，主体が他の個人や組織との協働を企図した際に顕在化する。ゆえに，協働に伴って必然的に発現する。また，場合によっては，距離を取るであるとか，優劣をつけるといった処置が困難になる。

　なお，本書はこういった論理の対立によってコンフリクトが引き起こされる状態を〈制度複雑性〉と解釈し，理論的背景は続く第1章において詳説する。

　上述の特徴は，直感的には困ったものに思えるだろう。同時に忘れてはならないのは，コンフリクトは問題を引き起こすのみならず，革新の機会にもなるということである。イノベーション概念を提唱したシュンペーターがイノベーションを「新結合（new combination）」と表現したように，異種混合が引き起こす混沌をマネジメントし，新たな生産に昇華させることこそ，イノベーションである。論理が錯綜しコンフリクトが生じる場でこそ人は創造性を発揮し，新たな価値を生むことができる。もし福祉と事業の両立に高度に成功した障がい者施設があれば，ステークホルダーに高い価値と満足度を提供できるし，社会課題の解決に大いに寄与するロールモデルとなり得る。コンフリクトは忌避すべき悪ではなく，革新の機会として我々に挑戦するものだと捉えられるべきである。

　こうした〈話の合わなさ〉および〈論理の錯綜〉をどう解決するのか。これが，本書に一貫した問題意識である。そして本書では，この問題を読み解く概念レンズとして，制度ロジック概念（Friedland & Alford, 1991）および制度複雑性（Greenwood, Raynard, Kodeih, Micelotta, & Lounsbury, 2011）を用いる。制度ロジックとは，制度，つまり超個人的・組織的に存在する規範や行動パターンに関して，それらを運用する論理である。制度ロジックは関連

研究が近年なお増加し続ける概念であり，世界的な注目を受けている。そして複数の制度ロジックがコンフリクトを生じさせている状態が，制度複雑性である。障がい者施設における福祉の論理と事業の論理の両立不可能性，およびそれがもたらすコンフリクトは，まさに制度複雑性であると解釈される。世にあまねく〈論理の錯綜〉，そして錯綜がもたらす複雑性を解決するよすがを探究することが，本書の主たるねらいである。

2　本書の背景
──イノベーションにおける科学と事業の関係

　さて，前節を読むと，本書が非常に広汎な対象を射程に置いているようにも感じられるだろう。たしかに制度ロジックは，その研究対象となる事象が社会に遍在しているという意味できわめて汎用性が高く，幅広い対象について適用可能な，潜在的な発展可能性の高い概念であると筆者は考えている。しかし，本書では具体的な対象物は一つに絞り込んだうえで〈論理の錯綜〉について考察する。本書の対象となるのは，「科学と事業の関係」である。

　科学の知見と企業活動との結びつきを明らかにすることは，イノベーション研究においてますます重要になっている（榊原・辻本・松本，2011）。我々の生活を豊かにするイノベーションの多くは，科学的知見を事業に結びつけることによって達成されている。自動車，電子機器，インターネットなどIT技術，医薬品，と生活に欠かせない「科学発の事業成果」は枚挙にいとまがない。科学と事業の関係を活かすことで企業は競争優位を築き利益を上げ，その成果が社会に届き，我々の生活が潤うというシステムは，何世紀も前に確立されて以降，世界的に現在も採用され進行する枠組みである。

　科学と事業の関係が企業活動にとって重要であることは自明であり，また科学と事業の関係を主題とする研究は，イノベーション研究にとどまらず経営学研究の中心を担ってきた。他方で，科学と事業の関係は一様ではなく，時代や社会背景，国家によって多様であり，大きく変容してきたものである（山口・水上・藤村，2000）。科学と事業の関係を歴史的に読み解くことは非常に労のかかる作業であるため，本書ではいわゆる「中央研究所」時代から

の科学と事業の関係を概観しよう。

　理解の促進のため，とある企業研究者に対するインタビューを引用することから始めたい。匿名のため出所は明かせないが，ここ数十年の科学と事業の関係を如実に示した言である。なお当該研究者は，およそ 2000 年頃に修士課程を卒業した後，現在に至るまで著名なエレクトロニクスメーカーに勤務し，企業で研究に従事した企業研究者である。

　　「昔は，好きな研究していいよって会社にいわれていたんですよね。だから，ほんとにみんな好きなテーマを自分で決めて，好きな研究をしていた。ところが，ある時期から，事業になる研究，お金になる研究をしろっていう機運が強くなって，研究テーマを決めるときにそういう基準を気にするようになった。

　　で，今は事業になるってこともあんまりいわれなくなって。代わりに，ノーベル賞になるような凄い研究，世の中の人が驚くような研究をしろ，っていわれてる。理由は，ニュースになって株価が上がるから，だって」

──とある企業研究者

　科学と事業の関係について，世界的に先進事例を構築しモデル化を牽引してきた国家はアメリカである。アメリカでは 1900 年代から第二次世界大戦後までの期間に「中央研究所方式」，すなわち企業の中央研究所において科学研究を行い，その成果を基に事業化を推進するシステムが確立された。AT&T ベル電話研究所や GE 中央研究所，デュポンの中央研究所といった著名な中央研究所が，いずれもこの時期に誕生した組織である。

　このシステムはのちに日本にも持ち込まれ，浸透していった。いっぽうでこうした「科学が事業に応用される」という図式は一部の科学者による強い抵抗を受けたため，研究環境や研究テーマの決定については，研究者の裁量を大きく認める傾向があった（山口ほか，2000）。〈科学の論理〉に基づくと，自分たちの研究は事業のためにやっているわけではない，科学は科学としての自立と自律を維持すべきである，という自負が強かったのだと推察される。科学と事業との関係においては，科学者の自己決定権が当事者から強く主張

され，事業側もそれを認める立場をとっていたのである。

　また，科学者は科学研究に専念し，そこで生まれた知識を事業側が引き取って事業化するという図式は，リニアモデルと称される。デュポン社が中央研究所での研究を基に，一大市場を築いたナイロンの発明を成功させたことによって，中央研究所とリニアモデルの有効性が世界的に示されることとなった（ローゼンブルーム・スペンサー，1998）。この第二次世界大戦前後において，中央研究所の設置とリニアモデルが高い正統性を付与され，世界に広がっていくこととなる。なお余談ではあるが，当時中央研究所が「流行っているから，あるいはデュポンのように大成功している企業が出現しているから，仕組みもよくわからずに取り入れる」ように企業に広まっていったことをローゼンブルームらは指摘している。まさに模倣的同型化（DiMaggio & Powell, 1983）である。このように，中央研究所とリニアモデルは，企業に競争優位をもたらす正統なものとして広く受容され，普及していった。

　しかし，リニアモデルが浸透するにつれ，リニアモデルの問題点も指摘されるようになってきた。代表的な批判が，リニアモデルにおける基礎・応用・開発のそれぞれのフェーズをいかに繋ぐのかという問題である。科学者は科学者で，自身の興味に沿った，あるいは学界において重要とされる研究テーマを選好し，科学知識を生み出す。この科学知識を事業側に引き渡して市場に繋ぐのがリニアモデルである。そこで生じたのは，必ずしも科学知識が事業化を志向したものではないため，「用途」がよくわからないという問題である。リニアモデルが不調をきたすと，事業側からの不満も噴出する。科学者が「これは科学的に素晴らしい，価値が高い」と自負する研究が，事業側にとっては「これは事業的には使えない，価値がない」と判断されてしまう。まさに，論理の錯綜によってコンフリクトが生じてしまうことになる。また日本に目を移すと，日本における中央研究所体制は，特に基礎研究において，科学者の独立性を担保する傾向の強いアメリカに比して，研究が事業活動に貢献することへの要求が強いと指摘されている（山口ほか，2000）。アメリカよりも日本の方が，科学と事業の関係における事業の主張が強かったのである。

　科学と事業の橋渡し問題に対しては，いくつかの〈解〉も提供されてきた。

重量級プロダクト・マネジャー・システム（Clark & Fujimoto, 1991）はその代表例であろう。分化された組織において，複数の部門を越境することのできる人材の存在が，橋渡しを可能にするという議論である。また，組織や部門間におけるゲートキーパーの役割（原田, 1999）など，境界をまたぐ活動において，いかにその境界を繋ぐかという役割に注目が集まり，有力な知見が蓄積されてきた。いっぽうで，重量級プロダクト・マネジャーのような人材をどうやって育成・獲得するのかといった実務的な問題も存在し，またゲートキーパーは境界をまたぐがゆえに「浮きやすい」という特性があることも指摘されている（原田, 1999）。境界をまたいで繋ぐ人材はまさに境界人（marginal man）であり，コンフリクトに直面し，アイデンティティの構築に苦慮する。科学と事業の連結を特定個人に委ねることもまた，新たな問題を発生させる。異種間の関与と越境には常に問題がつきまとうのである。

　話を戻すと，企業組織が自前の研究部門を有し，科学知識を創出し事業に活用していくというシステムは問題が指摘されながらも，当然視され，正統なものであり続けてきた。だが，1980年代にはアメリカで，少し遅れて日本でも，「中央研究所ブームの終焉」がもたらされることになった。アメリカでは，1960年代後半から企業内で基礎研究を行うことへの疑念が生じていたという指摘もある（山口ほか, 2000）。80年代から，中央研究所およびリニアモデルは，日米問わず縮小と終焉に向かうことになる。中央研究所の解体が進行した理由として，費用対効果への疑問が最たるものに挙げられる。経済不況や企業の不振の煽りを受けて，投資に見合う事業成果が出ているわけではないという事業の論理に基づき，概して巨大投資が行われる傾向のあった中央研究所が経費の削減対象になったのである。かつては強い主張を行い社内での優越を高めていた科学の論理も，事業の論理に抗えなくなり，縮小が進むことになる。中央研究所が模倣的に拡大していったことを逆再生するように，いずれの企業も中央研究所への投資を縮減させ，解体へと進めていく。

　企業内研究への投資が縮小傾向を強める中で，知識の源泉を企業の外部に求める「オープンイノベーション」が注目されるようになる。なお，オープンイノベーションという概念が誕生する以前から，企業がオープン化を行っ

ていたことには注意が必要である。事実として，米国では 19 世紀後半から 20 世紀初頭においてはむしろオープン化が中心であり，中央研究所体制の広がりによってクローズド化し，その後再度オープン化が進むことになる（真鍋・安本，2017）。

　オープン化によって，科学と事業の関係はいかに変容したのだろうか。一つは，企業が連携する相手の多様化が挙げられる。企業がオープンイノベーションの連携先として選択する相手は，同業他社，異業種の他社，海外企業，大学や研究所，ベンチャー企業，など多岐に渡る。多彩な選択肢を有することができる幅の広さこそオープン化のメリットではあるので，企業はオープン化から多様な機会を得ることができる。しかしオープン化は，論理の錯綜とその両立という観点からすれば，組織に大きな問題をもたらすことになる。連携の複雑化である。そもそもクローズドな研究開発におけるメリットとして，よい連携がとりやすいことが挙げられる（真鍋・安本，2017）。科学と事業との間に論理の違いをはじめとする諸問題が存在するのだとしても，同一の組織内にある場合は調整や統合も比較的には容易になるし，手段も用意されているだろう。

　いっぽうで，異なる組織間で連携をする場合は，コンフリクトのマネジメントがより困難になることが予想される。共通の調整部門や，調整を担当する担当者がいるとは限らないし，そういった機能を設けたとしても関与と越境はより困難になるだろう。オープン化は，企業にとっての機会の増加のみならず，短期的な業績を向上させるための手段となり（延岡，2010），市場の変化する速さに対応可能となるスピーディーな手段でもある（米倉，2012）。しかし，そういったメリットを享受できるのと同時に，科学と事業の論理の差異が生み出す制度複雑性のマネジメントには一層の困難が立ちはだかることになる。

　本節の，企業研究者の言を改めて解釈しよう。クローズドな，中央研究所とリニアモデルが効力を発揮した時代には，科学の論理がイノベーションを支配し，優位性をもっていた。しかし，中央研究所の時代の終焉に伴って，事業の論理が強まり，科学の論理は劣位に追い込まれていく。そしてオープン化が進む現代では，科学と事業の関係を良好に保つことがさらに難しくな

り，株主の認知を向上させていこうとする株主資本主義，株式市場の論理まұ
でが科学と事業の関係に影響をもたらしているのである。

　このように，科学と事業の関係は様々に変容してきた。そして現代の組織
が置かれた状況は，必ずしも科学と事業の関係にとって追い風ではない。過
去と同様の，あるいは過去にはなかったようなコンフリクトが恒常的に出現
する状況において，いかに制度複雑性を超えて，科学と事業の関係を繋ぎ，
協働の成果を得ることができるのか。これが，本書における中核的なテーマ
である。

3　本書のねらいと方法
——科学と事業の関係の質的分析

　前節で述べたように，「科学と事業の関係」を中核的な題材として，制度
複雑性への組織の対応について明らかにすることが本書の目的である。本節
では，やや細部に話が飛び交った議論に一貫性をもたせるため，改めて本書
の全体像を明らかにする。

　本書は，経営学研究としてはイノベーションマネジメント論と，経営組織
論を架橋する立場をとる。イノベーションマネジメント論において主題とな
ってきた科学と事業の関係を主題として，質の異なる組織同士が協働した複
数の事例を質的に調査・分析している。具体的には，協働 R&D プロジェク
ト（collaborative R&D project），産学連携プロジェクト，ベンチャー企業と
大学との協働が研究対象である。

　これらの研究対象には，恒常的に科学の論理と事業の論理の対立が生じる。
これを本書では制度複雑性の源泉として捉え，科学ロジックと事業ロジック
が生じさせる制度ロジック多元性（logic multiplicity, Besharov & Smith, 2014）
を組織がいかにマネジメントするのか，という観点から事例の分析を行う。
つまり，本書の理論的なバックボーンは，新制度派組織理論（institutional
theory, 以下制度論）に依拠している。制度論は Meyer & Rowan（1977）や
DiMaggio & Powell（1983）を嚆矢として，経営学や商学の分野において現
在も関連研究が数多く蓄積される，経営組織論の一大潮流である。この制度

論において近年関連研究が増加の一途にあるのが制度ロジック研究である。

　以上のように本書では，経営現象としてはイノベーションマネジメント論における科学と事業の関係を，経営管理理論としては制度論における制度複雑性および制度ロジック多元性を，方法としては質的アプローチ・事例研究アプローチをとる。その結果としては，主に制度論への理論的貢献をはたしながら，科学と事業の関係に関与する実務家に対しても実践的な示唆を与えることをめざす。さらに大風呂敷を広げるのであれば，論理の錯綜がもたらす〈話の合わなさ〉に直面するすべての人に対して，建設的解決を探るための材料を提供することができるように構成している。

4　本書の構成

　本書の構成は，以下のようになっている。次の第1章では，主に理論的な背景について先行研究を詳細に洗っていく。具体的な対象は，制度ロジック，制度ロジック多元性，制度複雑性である。但し，第1章では以下の点に留意してレビューを行った。まず，制度論における，印象論も含めた指摘として，主要概念や議論が「わかりにくい」というものが挙げられる。語彙が難解であったり，具体的に指しているものがわかりにくく，定義も曖昧なままに形而上の空論を交わしているのではないかという批判である。社会科学のような "soft science" への代表的批判でもあるこうした批判に堪えうる議論とするために，そもそも制度とは何であるか，といった根本的な議論から丁寧に紐解くことを心掛けた。

　続く第2章では，改めて本書の研究設定，研究課題，および方法について述べる。本書のテーマは〈イノベーションをめざす組織同士の協働〉における〈制度複雑性〉についての〈組織的対応〉を明らかにすることにある。なぜこのようなテーマを採用しているのか，その背景について説明したうえで，理論的な研究課題を導出する。また，この課題に対して主に質的なアプローチを採用することと，その根拠についても説明する。

　第3章から第6章では，各章ごとに事例研究を行う。第3章では，事例と

して企業間の協働 R&D プロジェクトを取り上げる。この事例では，協働 R&D によってイノベーションを創出することをめざすと同時に，科学と事業が引き起こすコンフリクトを懸念して〈区分化戦略〉(Dalpiaz, Rindova, & Ravasi, 2016) を積極的に採用していた。換言すると，組織の〈構造〉に着眼した戦略によって，制度複雑性への対応をめざしていた。しかし，区分化戦略は結果的に失敗に終わる。この失敗を招いた区分化戦略の問題点について，本書は〈析出〉という概念を用いて理論的な洞察を導く。

　第 4 章では，第 3 章に類似した研究設定として，産学連携プロジェクトを題材として事例研究を行った。第 3 章が主に構造に注目したのに対して，第 4 章では両者の認知に基づく交渉過程に着眼する。大学と企業が協働したこの産学連携プロジェクトにおいても，科学と事業の関係がコンフリクトを生じさせていた。本章では，科学と事業がもたらすコンフリクトがどのようなものであるかについて，質的アプローチから総合的に導出し明らかにしたうえで，大学と企業の両組織が「第三のロジック」を持ち出してプロジェクトの前進を図っていたことに注目する。科学と事業の関係が生み出す制度複雑性に対処する有効な戦略となり得る第三のロジックの〈道具的活用〉(using as a tool, McPherson & Sauder, 2013) について，その理論的背景と意義を考察する。

　次なる第 5 章では，主題として〈イノベーションモデル〉を扱い，同じく産学連携プロジェクトについてさらなる考察を加える。特に産学連携において用いられてきたイノベーションモデルを検討したうえで，近年注目が高まるアカデミックエンゲージメントモデル (Perkmann, Salandra, Tartari, McKelvey, & Hughes, 2021) を背景として，産学連携においてどのように科学と事業の〈分業の境界〉が定められてきたかについて考察する。結論として，産学連携における活動が，境界を創発的に決定しプロジェクトを進めていく〈分化と形態形成〉モデルとして表現できることを主張する。

　第 6 章では，産学連携の一類型として，ベンチャー企業と大学研究者とが協働する事例を取り上げ，科学と事業の関係について考察する。第 6 章の鍵概念は〈スキーム〉である。ベンチャー企業が関わる組織間連携は，近年実務的にも事例が増加し注目度の高い対象でありながら特にコンフリクトを招

きやすく，制度複雑性が生じる代表的な例として挙げられる。本章ではベンチャー企業と大学研究者が協働を模索し，結果的に資源動員を勝ち取った背景として〈同床異夢〉スキームの構築があったことを指摘する。

　なお，第3～6章には，「ノンテクニカルサマリー」として，章末にまとめを付記している。これは非専門家とのコミュニケーションのため，すなわち経営学について専門知識をもたない読者の理解を促進するため設けたものである。

　第7章では，以上の事例分析の結果から，理論的な洞察を深めていく。質的な事例分析の結論として，既存のイノベーション研究，および制度論研究では，制度ロジックがどのような制度から生じているのか，および制度ロジックをいかにカテゴライズするのかという観点への深い検討が抜け落ちていたことを指摘する。端的に結論を述べると，科学と事業の関係が対立構図を引き起こす（ようにみえる）のは，実は科学と事業とを対立構図として弁別しようとする理論的枠組みそのものに起因しているという指摘をなす。結論として，制度論研究はより〈制度〉そのものを論じるべきであるという主張を行う。

　最後の終章では，本書の結論として，より一般化された文脈での適応可能性について論じる。「分断の時代」と呼ばれる現代では，論理の錯綜を分断と結び付け，両立どころか分断を促進するような言説および行動が散見され，支配的にすらなりつつある。このような分断の時代に，いかに分断に架橋し，論理の錯綜をイノベーションに転化していけるのかについて考察する。そのためには，〈制度そのもの〉へのより深い理解が必要であり，制度への探究こそが分断を繋ぐよすがになることを主張する。

注
(1)　コンフリクト（conflict）は広範な対象を意味するため，日本語に訳す場合にカタカナ表記にしてしまうと議論が錯綜する（マーチ・サイモン，2014 の訳注 p. 297）。訳者の高橋の用法に則ると個人間のコンフリクトを葛藤，集団・組織間のコンフリクトを対立と訳すべきである。しかしここではコンフリクトの原義で問題ないと判断し，カタカナ表記で記述する。今後本書では，必要に応じて「コンフリクト」「葛藤」「対立」を使い分ける。

第 1 章

制度，制度ロジック，制度ロジック多元性
——理論的背景

> 「この制度ロジックの研究についてですね，あなたは，制度ってい
> う『お化けみたいなもの』があると仮定しているわけですよね」
> ——筆者の研究発表に対して，とある研究者

1 制度とは何か
——制度論のそもそも論

　既に述べた通り，本書の理論的バックボーンは新制度派組織理論（institu-tional theory，以下制度論）に依拠している。本章では，制度論および関連概念についてのレビューを行う。

　制度論は，〈制度〉概念を用いた視座から組織について検討する理論的パースペクティブである。制度論は，多くの組織論と同じく，組織はクローズドな内部で完結するものではなく，組織外部から影響を受けるオープンシステム下にあることを前提としている。ウェブレンやコンティンジェンシー理論に端を発する（旧）制度論に対して，Meyer & Rowan（1977）や DiMaggio & Powell（1983）を嚆矢として発展してきた制度論を「新」制度論とよぶ。制度論は学問的思想の源流としてウェーバーなどを汲む流れと位置づけられており，組織を超えて組織に影響するモノがあると考える意味では，広義の構造主義であると捉えることもできる。

　制度論は 1980 年前後の勃興以降，現在まで論文数を伸ばし続けている（図

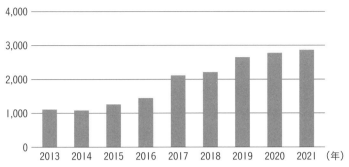

図表 1-1　制度論の論文数

出所）Web of science を用いて，2022 年 6 月 17 日取得

表 1-1），組織論の一大潮流である。このように，制度論は現在においても多くの関連研究が生み出されている。他方で，制度論への批判や，ネガティブなイメージも一定数存在する。

制度論はわかりにくい

　全く卑近ながら，筆者が制度論の研究を発表する中で受けてきた代表的なコメント・感想を共有しよう。「制度論はわかりにくい」という批判である。批判のニュアンスは一様でないものの（もちろん，制度論がわかりにくいのでなく，筆者の発表がわかりにくいという可能性もある），主たる原因として，抽象度の高い概念を駆使して議論が展開されることや，制度論研究者内でも認識論をはじめとする諸論争があること，制度○○（制度ロジック，制度ワーク，…）など派生概念が折に触れて提唱されること，そしてなにより，「制度」をはじめとして重要な用語が明瞭に定義されていないこと，などが挙げられる。この「わかりにくい」という評が，残念ながら明確に記された文献もある。刺激的なタイトルから話題にもなった，『経営学の危機：詐術・欺瞞・無意味な研究』（トゥーリッシュ，2022）から引用しよう。

　　「経営学系の論文の多くは，まるでマゾヒスト的な読者に対して苦痛を与えることに快感をおぼえるサディストによって書かれた代物のよう

にさえ思えてくることがある。」(p.5)

「なぜ，この要旨は，かなり狭い範囲の専門的な議論について熟知している読者にしか理解できないような文章で書かれなければならなかったのだろうか？」(p.5)

引用箇所前後では，論文の内容や貢献には一定の価値があるとは付記しているものの，要するに，あまりに難解で誰が理解できるのかわからない論文が経営学で横行しており，要旨を読んでもまるで意味がわからないという苦言がなされている。そしてその槍玉に挙がった論文のタイトル（邦訳）は「いつメディチ家はダ・ヴィンチに迫害を加えたのだろうか？文化生産の領域における外部のステークホルダーとの関係が及ぼすシグナリング効果を緩和する」。何を隠そう，この論文の主要概念が「制度ロジック」なのである。つまりは，「経営学には，わかりにくい論文が多すぎる。たとえば制度ロジックがなんだといっているような論文だ」ということをいわれてしまっているのだ。

本章冒頭の「お化けのような」という表現も，端的に制度論へのイメージを表したものであろう。お化けのような，という表現の含意を推測するなら，「存在するのか定かでない」といったニュアンスが含まれる。お化けは「科学的に存在が証明できる」といわれて同意する人はほとんどいないだろうし，「お化けは存在すると思いますか」という問いにも，否定的になりそうだ。しかし，同時に我々はお化けという存在を簡単に想起できるし，創作物としてのお化けは自然に受容している。そういう意味で，お化けは我々のなかに，社会に，たしかに存在している。これは実は，存在論における本質主義と構築主義／社会構成主義という伝統的二分法の問題をもはらむ。制度論は，こうした伝統的な諸問題を多々抱えるという点でも，何層ものわかりにくさにまとわりつかれた理論なのである。

特に制度という用語は，制度論研究においてですら定義が多様である(Greenwood, Oliver, Sahlin, & Suddaby, 2008)。なお本書の中心ではない余談として，経営学の近接領域である経済学にも「制度（派）経済学」と呼ばれる潮流がある。実は，制度経済学においても，制度という概念は多義的で，

曖昧なまま用いられてきたようである（青木，2003）。制度を中心概念とする新制度派組織理論と制度経済学において，いずれも制度という語が明瞭に定義されず，複数の定義が共存していたり，定義が変遷しているという事実は興味深い。楽観的に考えるのであれば，こうした多義性こそが研究の幅を広げ，学界における多様性を生んできたとも考えられる。制度を独自に解釈する学派が複数生まれ，それぞれに発展してきたことで，結果的には多様な知見が得られているからである。

　しかし，本書の中心である制度について看過したまま論を進めても，「制度論はわかりにくい」というおなじみの指摘を受けてしまうだろう。そこで本書では，制度のそもそも論から，論を紡いでいきたい。

制度とは何か

　「制度」は別に学術用語というわけではなく，一般的にも用いられる語彙である。制度という概念が日常で使用される場合，「法制度」のように明示的に認識・参照可能なものというニュアンスが付随することが多く，目にみえやすい，「ハード」な制度というイメージがある。「支援制度」が目にみえづらく暗黙的であっては困るだろう。

　では，学術文献における制度の定義はどうであろうか。「制度」および制度にニュアンスの近い「文化」について詳細に論じ，制度論をまとめた佐藤・山田（2004）では，制度とは「組織を取り巻く文化的環境」（p.5）と定義されている。また「当然視されるもの」という性質も強調されてきた（Mutch, 2018）。こうした文献では，制度は当たり前のものとして，文化と同じように日常に根付く「ソフト」なものとして捉えられている。

　つまりここで，制度の可視性・認識容易性についての議論が生じる。佐藤・山田（2004）の定義を採用するのであれば，法制度や支援制度といった「制度」は，「文化的環境」とは解釈しづらくもあるだろう。制度とは，明文化されて認識可能な，物質的な（material）モノであろうか？あるいは，文化のようにときに感知し難く，当然視しているがゆえに無意識化される象徴的な（symbolic）モノなのだろうか？これらは，制度とは何かを考えるときに頻発する問いである。なお，特に経営学における制度論は，文化に類似したソフ

トな制度に注視し，法の存在を制度として論じた研究は比較的に乏しい。

　ここで一般語彙としての「制度」の辞書的な意味を調べよう。制度は「社会内で規範として確定された行動様式の体系」（百科事典マイペディア）や，「複合的な社会規範の体系」（日本大百科事典）と定義されている。なお，この規範という語には，「慣習，習律，法などが含まれている」（日本大百科事典）。たとえば日本大百科事典は婚姻制度を例として，婚姻制度にはお見合いや恋愛などの慣習，結納という儀礼，結婚式や披露宴といった習律，婚姻の届け出という法，が内包されていることを指摘する。実は，この辞書的な定義は，制度論が対象としてきた制度にかなり近いうえに，定義としても適切である。

　以上の議論をふまえて，本書での制度の定義を明瞭化しよう。制度とは，①慣習・習律・法などを複合した規範の体系であり，②社会的，つまり個人や組織の固有性を超えて観測される，超個人／超組織的なものであり，③個人や組織にとって意識・無意識に参照され，④行動を再生産するものである。それぞれ，①〜④を詳説しておこう。

　まず，①は既に述べた通り，制度とは無形で暗黙的な慣習から，意識的で明示的な法までを内包する〈規範の体系〉である。この点で，制度とは特に文化や慣習のようなものだけを指すのではないし，法のような明示的なものだけを意味するのでもなく，それらの複合体であると捉える。

　②について，制度は社会的なものである。仮に制度が創生期において特定の個人／組織によって形成されたものだとしても，制度は個人／組織の境界を越えて伝播・普及し，社会的なものとして超個人／組織的に共有される。この点で，組織文化論や組織アイデンティティ論とは異なる側面がある。もちろん，組織文化論や組織アイデンティティ論で社会性に関する議論がないわけではないが，それらの研究群は，いかに組織に固有の文化やアイデンティティが確立されるかに着眼しているからである。制度論は，制度が個人／組織の枠を越えて共有されることに着眼する（べき）研究群である。

　③は，個人／組織と制度との関係を規定する定義である。制度論における社会化過剰／過少問題（佐藤・山田，2004）に代表されるように，個人／組織と制度との関係は制度論においても中心的な問題となってきた。個人／組織は，制度の「いいなり」なのだろうか。詳細は次節以降で後述するとして，

さしあたり定義の段階においては，個人／組織が制度を〈参照〉することに注目する。個人／組織は，自身の意思決定や行動を導くために，制度を参照する。個人は婚姻制度を参照し，結婚式や披露宴を行う。ここでは個人／組織が制度を参照して制度に沿った意思決定をしていることが重要であり，それが意識的か無意識的か，能動なのか受動なのかについての判断は留保し，後回しにしてよい。

　最後の④が，さらに制度にとって重要な性質となる。個人／組織は制度を参照して自身の行動を決める。それによって，制度は再帰的に正統化され，さらに社会に定着・普及していく。制度に埋め込まれた個人／組織が制度を参照することによって，制度は再生産され，持続性を高めていくのである。

制度の具象物

　本書では以上のように，①物質性と象徴性とを内包した規範の体系である，②社会的である，③行為主体によって参照される，④再生産されていく，という特徴を以て制度を定義する。そのうえで，では具体的に制度とは何を指すのか，という疑問が浮かぶかもしれない。そこで制度ロジックの議論を先取りして，制度の具体的対象物について紹介しておく。

　制度ロジック研究では「制度セクター」という呼称のもと，制度の分類が試みられている。制度ロジック概念の初出とみなされる Friedland & Alford (1991) では，資本主義市場，官僚主義的国家，民主主義，核家族，キリスト教の五つを，西欧において特筆すべき制度ロジックを有する典型的な制度セクターであると捉えている (Thornton & Ocasio, 2008)。Thornton (2004) は実証研究に基づいてこれを整理し，市場，企業，専門家，国家 (state)，家族・血族 (family)，宗教の六つに再カテゴライズした。このカテゴライズはまた Thornton et al. (2012) においては「コミュニティ」を足した七つに再定義されている。Mutch (2018) は，制度は人間にとって普遍的・恒久的な特徴を有するという理解のもと，家族・血族，経済，医学，宗教，遊び (play)，知識，政策，軍事，法律が恒久的特徴を有する「制度」であると主張している。

　このように制度セクターの分類には文献による差異があり，なぜその「○

つ」なのか，あれは入らないのか，これは入れてよいのか，といった類型化についての議論も可能である。しかし，ここではその議論は置いておき，さしあたり制度（ロジック）研究においてどういった対象が制度として想定されているのかについて紹介するにとどめる。

　さて，以上のように制度を捉えると，制度論における伝統的かつ重大な理論課題が改めて浮上する。制度における変化と多様性の説明である。個人／組織は，社会的な規範の体系である制度を参照し，制度を再生産する。そうであるならば，なぜ制度（の影響を受ける個人／組織）は変化するのか。たとえば婚姻制度において，かつて主流だったお見合い婚が減少し，恋愛婚が増加し，「ロマンティック・マリッジ・イデオロギー」として規範化するのか。そして，制度のなかに個人／組織の多様性が生まれるのだろうか。なぜ披露宴をする人としない人がいるのか。教会式や神前式など，結婚式のバリエーションが生じるのか。制度の特徴が参照と再生産にあるとするならば，これら変化と多様性の疑問に答える理論枠組みが必要となる。そして，問いに答えるべく重要な概念装置として見出されたのが制度ロジックなのである。

2　制度ロジック前史

　制度ロジック研究へ入っていく前に，もう少し制度ロジック「以前」の制度論研究をみていこう。制度論の源流と目される研究は三つ挙げられる。Meyer & Rowan（1977）による「公式構造神話論」，Zucker（1977）による「制度のマイクロ・ファウンデーション」に関する議論，そして DiMaggio & Powell（1983）の「組織同型化仮説」である。制度ロジックについて検討するうえで，ここでディマジオ＝パウエルの議論について触れておきたい。

同型化概念と正統性

　同型化（isomorphism）は，制度論を代表する概念である。コンティンジェンシー理論や組織生態学といった組織論においては，組織の「異質性」および「もたらす結果の差異」に注目が集まってきた（安田・高橋，2007）。組

織は異なっており、ゆえに成長や生存といった結果に対して違いが生まれるため、その違いの理由を探るという研究課題が据えられてきた。対してディマジオらの問いは、なぜ組織はこんなに似ているのか、である。組織はそれぞれ異質であり、志向も違い、合理的意思決定に基づいて経営戦略を決定し、実行する。そうであるならば、組織はもっとばらついていても良いはずだ。なのに、なぜ組織はこんなに似通るのか。たとえば、なぜほぼすべての組織は官僚制組織を採用しているのだろうか。

　一つの答えは、それが最も合理的な組織構造であるから、というものになろう。絶対的で唯一の「解」として官僚制という答えが出てしまっているので、仮に逆機能が存在するのだとしても、官僚制が採用される。このように競争に勝ち、生き残りを模索した結果として同じようになることを、競争的同型化（competitive isomorphism）とよぶ。対してディマジオらが新たに提唱した概念が、制度的同型化（institutional isomorphism）である。制度的同型化において組織が最重要視するのは、効率性でも合理性でもない。組織がいかに正統性（legitimacy）を得られるかという点である。正統性、つまり「そうある状態が望ましく相応しいことが社会的・文化的なシステムの中で認められている一般的な知覚」（Suchman, 1995）を得るために、組織は同型化する。

　余談だが、著者の一人であるパウエル本人がこの論文の着想の背景について語ったことがあるという。なおこのエピソードは又聞きであり、出典も示せないことを断っておく（むろん、誤謬等の一切の責任は筆者に帰する）。パウエルは、実務家と対話する中で、事業部制について話を聞くことがあった。当時は事業部制がより広がりをみせており、様々な企業が事業部制を採用していた。そして、パウエルは「単一事業しか営んでいない企業が、事業部制を採用しているケース」について知ったのだという。単一事業しか扱っていない企業組織が事業部制を導入するメリットなど、およそないに等しい。疑問を抱いたパウエルが、なぜそんなことを？と訊くと、「コンサル会社に薦められたから」という返答があったのだという。半ば怒りや当惑のような感情と共に、なぜそのようなことが起きるのか、という問題意識からパウエルはこの金字塔となる論文を書き上げたそうだ。話がやや逸れたが、制度的同型化の目的は、正統性を得ることにある。社会やステークホルダーから、正

しく当たり前であるという認知を獲得するために，他者（社）と同じような
ことを取り入れ，同型化していくのである。その同型化が，ときに非合理的
であったり意味のないものであったとしても。

　制度的同型化は，現実世界の事象を説明する力が非常に高い。制度的同型
化のようなことって起きていますよね，と問われれば，多くの人が同意する
だろう。実際，現実に起きている同型化の例を挙げると枚挙にいとまがない。
それゆえ多くの納得感を得たであろうこともあって，ディマジオ＝パウエル
の業績は制度論の基礎として捉えられるようになる。

制度論は「非合理性の理論」なのか

　他方で，同型化概念は制度論への固着したイメージをも招くことになった。
「同型化とは，正統性獲得の手段であると同時にすなわち非合理性の甘受で
ある」というイメージである。安田・高橋（2007）が「合理性・効率性から
正統性へ」と論文見出しにおいて表現したように，同型化概念の登場によっ
て，合理性・効率性と正統性という概念を二項対立させる論理枠組みが多く
採用されるようになった。制度的同型化は，正統性を得て生き残るために，
非合理的だとわかっていながら他者（社）と同じものを受け入れる，非合理
的同型化（Lounsbury, 2008）だと解釈されてきたのだ。

　ディマジオらは同型化には三つのパターンがあり，それぞれ強制的同型化，
模倣的同型化，規範的同型化であるとしている。しかしこれらは同型化の動
機が異なっているという意味での分類であり，いずれにせよ非合理的である
ことを認識しながらも同型化する，という印象が定着している。こういった
経緯や，「やったふり」というイメージが固着している脱連結（decoupling,
Meyer & Rowan, 1977）といった鍵概念から，制度論はときに「理屈に合わ
ない無駄な行為が起きることを説明する理論」であると捉えられてきた。

　しかし，こうした理解は一面的であるとして，いくつかの研究が反論を展
開している。まず，合理性と正統性は組織にとって必ずしも排反するもので
はない（上西，2008）。上西は，Meyer & Rowan（1977）が提唱した，合理
化された神話（rationalized myth）概念を挙げ，組織が合理性の根拠として
制度を参照することで確信と安定性を得るというモデルを提示したように，

そもそも「合理化された神話」といった概念によって合理性と正統性とを結びつけることは初期制度論の中心的アイデアであったと指摘する。組織が正統性を求めるとは，本来的には自らの行為の妥当性を示すために合理的な根拠を求めることを意味するのである（上西，2008）。

　また Lounsbury（2008）は，既存の制度論研究では非合理性が強調され過ぎており，特に初期の制度論において，制度への順応を非合理性と結びつけて「合理的意思決定」と「非合理的順応」という二分法が用いられてきたことは重大な理論的欠陥であると指摘する。そのうえでラウンズバリは制度合理性（institutional rationality）という概念を提唱する。合理性とはまさに「理に合う」ことである。そして，〈理〉が何であるのかは，制度によって異なるのだ。大学研究者にとっては経済価値に直結しない論文を発表することが合理的であるし，企業研究者にとっては経済価値に直結する特許を取得することが合理的である。その差異そのものに，優劣も正誤もない。たしかに，合理性／的とは，目的合理的や価値合理的など，何らかの接頭辞がつくことで有意味化される語彙である。主体がどの制度を参照しているのかによって，合理性の測定指標は異なってくる。

　このように，ディマジオらの同型化概念は，非合理的というイメージを喚起しながらも，そもそも主体は合理性を求めて制度を参照するのであり，制度ごとに合理性の基準が異なることを留意すべきである，などの指摘がなされてきた。そのうえで，さらなる理論課題が残る。組織が合理性を求めた結果として同型化を行うのだとすれば，なぜ／どのように，組織は，あるいは制度そのものが変化するのだろうか？そして，制度の中に埋め込まれた組織（ら）の多様性が生まれるのだろうか？

　繰り返すように変化と多様性は，制度論における代表的理論課題であった。その一つの解として浮上した概念に，制度的企業家（institutional entrepreneur, Greenwood & Suddaby, 2006）がある。すなわち，制度を変革する主体が登場することで，一様な状況が打破され，変化がもたらされる。しかし，そのような脱制度的（institutional-free）でヒロイックな主体を想定することが許されるのであれば，そもそも制度を論じる必要がなくなってしまう。このような点で制度的企業家は制度や社会の影響を低く見積もり過ぎている社

会化過少（佐藤・山田，2004）の概念であり，理論的な問題があるという批判が寄せられてきた。つまり，制度論は，非合理性にも関わらず他者（社）がやっているというだけで同化する組織という〈社会化過剰〉と，制度に関わらず変革をしてみせるヒロイックな主体という〈社会化過少〉な組織観との，両極端なイメージに揺れ動いてきた（佐藤・山田，2004）。

3　制度ロジック研究の隆興と流行

　このような理論的な流れの中で生まれ，注目を浴びてきたのが制度ロジック概念である。主要文献では制度ロジックは「個人と組織が物質的実存を再生産および時空間を組織化する基礎となる超組織的な活動のパターンであり，同時に，その活動のカテゴリ化および意味付与の基礎となる象徴システム」（Friedland & Alford, 1991, p. 232）や，「社会的に構築される，個々人が物質性を（再）生産し，時間と空間を組織し，また社会的現実に意味を与える，物質的実践，過程，価値，信念，規則のパターン」（Thornton & Ocasio, 1999, p. 804）など定義されている。

　正直なところ，これらの定義を一読して意味内容が理解できる方は少ないだろう。制度論がわかりにくいとされるゆえんである。そこでより理解を促進するため，制度ロジック研究が拡大していく契機となった文献と目される，Thornton & Ocasio（1999）について詳細にみていこう。なお，佐藤（2003）や涌田（2015），松嶋（2017）といった文献においてもソーントンらの研究への丁寧な批評がなされているので，参照されたい。

　ソーントンらが題材としたのは，高等教育出版業界である。ソーントンらは，高等教育出版業界における制度ロジックが，「編集職のロジック」から「商業のロジック」へ移行してきたことを明らかにしたのだ。論文の研究課題は，制度の変化が組織の承継や構造（の変化）に及ぼす影響を明らかにすることにあった。その結論として，高等教育出版業界における制度ロジックの変化を突き止めたのである。

　もう少し噛み砕いて説明しよう。ソーントンが観測した変化は，業界にお

ける主導的な〈論理〉が，「学術的に価値のある本を出版すべきだ」という
論理から「商業的に売れる本を出版すべきだ」という論理に変移していたと
いうものであった。ソーントンが観測した期間においては，たしかに業界単
位での「制度に関する変化」がみられたのである。この事象に制度ロジック
という概念を用いると，「高等教育出版業界という制度において組織が運用
する主導的な論理（ロジック）が変化したので，制度に埋め込まれた組織の
行動も変化したのである」という説明がなされる。

　このように制度ロジック概念を用いると，既存の制度論の議論を覆さずと
も，制度に埋め込まれた組織の変化を描出できる。多様性についても，この
変化への追随が強い／弱い，早い／遅いなどによって多様性が生じる。かつ
制度ロジック研究は，以下に述べるように，過去にも議論され収拾がつかな
かった諸問題について，肯定的にみれば議論を措いて前進させる姿勢がみえ
る。制度ロジックはどういう特徴を有するか？という論点について，制度ロ
ジックの中核的論者でもある Ocasio, Thornton, & Lounsbury（2017）がま
とめているので，それらを基に制度ロジックの理論的特徴を説明していこう。

制度ロジックの特徴

　まず，制度ロジックの定義において注目できるのは，唯物論（物質性）と
観念論（象徴性）のバランスをとり，折衷させようとする姿勢である。代表
的な定義においても，「物質的実存」と「象徴システム」（Friedland & Al-
ford, 1991, p. 232）や「個々人が物質性を（再）生産し」「社会的現実に意味
を与える」「物質的実践」「過程，価値，信念，規則のパターン」（Thornton
& Ocasio, 1999, p. 804）などの語彙が用いられている。唯物論と観念論の対置
は古典的ですらあるうえに，答えを一概に出せない難問でもある。制度ロジ
ック論はとりあえず「どちらでもあるし，互いに関係しあっている」とみな
して議論を進めようとしていることが窺える。次に制度ロジックが観測され
る範囲として，マクロとしての制度（社会・業界），メゾとしての組織，ミク
ロとしての個人といったように，三つの分析単位が存在する。組織外にある
マクロな存在を基軸とすると同時に，Zucker（1977）のようなマイクロ・フ
ァウンデーションも前提としており，またそれらの相互作用があることも認

めている。また，理念型（ideal types）ではなく，存在論的に実在する現象（real phenomena）であるともいわれる。理念型は制度ロジックの「測定方法」であり，制度ロジックそのものではない。本書においても，後述する「科学ロジック」と「事業ロジック」を理念型として描出するが，それらは科学ロジック・事業ロジックを「測定」するために導いたものであり，制度ロジックそのものではない。こうした特徴付けは，実証研究との接合を鑑みた立場の表明と推測される。最後にオカシオらは，「制度ロジックでないもの」についても明言している。曰く，理論，フレーム，ナラティブ，実践，カテゴリは，制度ロジックの構成要素ではあるが制度ロジックそのものではない。2017 年の時点では，制度ロジックはこのように特徴づけられている。

　ここまでみても制度ロジックにはわかりにくさがつきまとうかもしれない。そこで，さらに具体的な例を考えてみよう。たとえばフリードランドらは「キリスト教」を特筆すべき制度として挙げた。たしかにキリスト教は規範の体系であり，超個人／組織的であり，参照され，行動を再生産する。しかし同時に，キリスト教における実践もまた，多様であり変化をしてきた。これを説明する概念が制度ロジックであり，つまりキリスト教という制度にはプロテスタントのロジックとカトリックのロジックがある，と考えれば，制度は既存研究通りに存在しながらも，そして組織が制度に従いながらも，組織は変化するし（宗派を鞍替えする），多様にもなり得る（宗派に分化する）。そして組織のロジックの変化が，ときに制度そのものの変化を促すのである。

　注意すべきは，制度をどの程度の粒度でカテゴライズするかによって，制度ロジックの意味内容は異なってくる。フリードランドらはキリスト教という単位で制度および制度ロジックを捉えようとしたが，ソーントンらの制度セクターの分類に従うなら制度セクターは「宗教」になるので，その場合はキリスト教のロジックと仏教のロジックがある，という説明が相応しいだろう。

　そして，実はこの「ロジック」という表現の妙が，社会化過剰／過少問題にも解を与えている。制度に埋め込まれ，制度の影響を受ける組織が，特定のロジックに従って行動することは，はたして受動だろうか。能動だろうか。おそらく，どちらでもあるし，どちらでもない。キリスト教圏でキリスト教

のロジックを運用する組織は，非合理性を受容しているのだろうか。はたまた，自身で独自の論理を導き出して行動するのだろうか。どちらでもないし，どちらであるかを論じる意義にも乏しい。組織はまさに制度を〈参照〉し，自身らの主導的な論理を形成する。この，制度と組織／個人を繋ぐのが，制度下において行動を基礎づけ，主体の行動を導く論理，「制度ロジック」なのである。

4　制度ロジック多元性へ

　ソーントンらの研究は制度ロジック研究において一種の転換点とみなされており，制度ロジック研究が爆発的に増える一因となった。この背景では，唯物論／観念論や存在論の問題，社会化過剰／過少問題，変化と多様性の理論的裏付けなど，既存の理論では埋めきれなかった間隙を制度ロジック概念が埋め得るという有用性が認められたのだといえる。同時に，ソーントンら自身が，制度ロジックはバズワード化していると述べたように（Thornton & Ocasio, 2008），厳密さや本来の含意を欠いたままに言葉だけが流行ってしまったという負の側面も否めない。

　実際のところ，嚆矢となった Thornton & Ocasio（1999）には多くの批判も寄せられている。まず，制度ロジック間のコンフリクトが看過されている点である。ソーントンらの，高等教育出版業界で編集職のロジックから商業のロジックに移ったという指摘は，「個々の制度が持つ固有のロジック間の競合・矛盾，それによる行為者の葛藤，ロジック間の矛盾を利用した行為戦略というダイナミックな側面を看過」（涌田，2015, p. 233）している。つまり「ソーントンモデル」は，あたかも脱制度的に，すんなりと編集職から商業へ移行したようにも読めてしまう。制度ロジック間に生じる，矛盾・葛藤・意図が捨象されているからである。

　また，ソーントンらの研究はあくまでも分析単位が業界であり，業界レベルの変化を追うことが主眼であったため，個々の組織がどうであったかまでは捕捉していなかった（する必要がなかった）。しかし，ゆえにソーントンら

の研究は制度決定論のようなもので（Greenwood et al., 2011），「社会化過剰の組織観」にも受け取れてしまう。個々の組織が，業界レベルの制度ロジックの移行に追従して変化したと読めてしまうからである。実際の組織レベルでみた場合，編集職から商業への移行には早い／遅いという差もあるだろうし，変わらなかった組織もあるだろうし，各組織がどのように変化したのかについては，ソーントンらは解明できていなかったのである。

　その結果，現在の（組織を対象とした）制度ロジック研究では，揺るがない理論前提が共有されるようになった。つまり，組織はふつう複数の制度ロジックに晒されるので，その複数の制度ロジックが生み出す制度ロジック多元性（logic multiplicity, Besharov & Smith, 2014）つまり複数の制度ロジックが組織に影響を与える状況にどう対処するのか，という組織行動へ注目する流れである。ソーントンモデルに則るなら，高等教育出版という専門家の制度において，編集職のロジックから商業のロジックへと移行する動きがマクロレベルで起きる。しかし，だからといって，各組織がすんなりと移行できるわけもない。新旧のロジックの間には，共存や軋轢が生じることも想像に難くない。それに対して，個々の組織はどう対応するのか。

　そしてこの対応は，組織にとって戦略的リソースでもあり，生存や競争優位の構築にも影響している（Durand, Szostak, Jourdan, & Thornton, 2013）。組織が恒常的に直面する制度ロジックの葛藤に，うまく対応できた組織ほどその効果を享受できるし，それに失敗すれば，衰退や消滅の危機にすら陥ってしまう。ときにコンフリクトを引き起こす制度ロジック多元性への対処が，組織の生存，競争優位，そしてマクロ単位でみた組織の多様性に繋がっていく。こうして，制度ロジック研究では，組織が制度ロジック多元性に晒されるという前提が強固なものとなり，制度ロジック多元性が引き起こす諸問題を組織がいかにマネジメントするのか，という点に主眼が置かれてきた。

文献レビューと論点の整理

　ここで改めて，経営学における近年の代表的な制度ロジック研究の潮流を把握するために文献レビューを行う。制度ロジックを鍵概念として用いた論文はきわめて多岐の分野に渡り，また非常に多数である。本書ではいわゆる

システマティックレビューのような網羅的な文献レビューは行わない。代表的な研究のピックアップによって近年の潮流を俯瞰することが目的であるため，下記の分析手順で必要十分と判断したためである。

　レビューの方法は，以下の1〜3の手順で対象とする論文を絞り込んだ。なお，下記の分析は舟津（2019）に載せられた分析を援用しているため，2018年頃に行ったものであり，「最新版」ではない。しかし，制度ロジック勃興の1991年以降，30年弱のおおよその傾向を読み取るという点では十分なものと考えられる。

1. 文献の選定

　学術文献データベースの"Web of Science"において"institutional logic(s)"を検索ワードとして検索した論文のうち，「高被引用文献」を抽出し，そのうち経営学あるいは組織論を主な対象とするジャーナルに掲載された論文，具体的には，*Academy of Management Annals, Academy of Management Journal, Academy of Management Review, Administrative Science Quarterly, Journal of Management Studies, Organization Science, Organization Studies, Strategic Management Journal* に掲載された論文29本を抽出した。そのうち「制度ロジック」を分析に含まない論文1本（Santos & Eisenhardt, 2009）を除外し，結果として抽出された論文28本を分析対象とした。

2. 文献の整理

　それらの論文を，以下の項目に留意して読み解き，内容を要約し，表にまとめた。

- 分析単位（マクロ単位としての業界，組織，個人，あるいはそれらの関係）
- 具体的な研究対象（概念研究の場合，研究の焦点）
- 題材となる制度ロジック（原文の表現に依拠）
- 研究類型
- 主張や論点

図表 1-2　グループ 1：他概念を主題として制度ロジックに言及した研究

著者, 出版年, 掲載誌	分析単位	研究対象・題材となる制度ロジック	研究類型	主張や論点
Aguilera et al. (2018) AMR	組織	・ソーシャルロジックとガバナンスロジック	概念研究	・制度ロジック (IL) がコーポレート・ガバナンスにおける思慮分別と逸脱行動に与える影響について考察した。
Bromley & Powell (2012) AMA	組織	・脱連結 (decoupling) における論理の競合 (competing logics)	概念研究	・脱連結の生じるメカニズムに影響する要因として IL の競合に注目している。
Ferraro et al. (2015) OST	組織	・大きな社会課題 (grand challenge) に対して組織が採り得る戦略	概念研究	・IL 多元性という概念枠組みは、気候変動や貧困問題といった社会課題への組織の戦略を考えるうえで有用かつ創造的である。
Gavetti et al. (2012) AMA	組織	・企業の行動理論に対して制度論のもつ示唆	概念研究	・企業の行動理論を再訪・再考するなかで、多元な IL が組織に影響を与えるというアイデアについて言及した。
Hahn et al. (2014) AMR	組織	・組織がいかに多元な要求に応えるか	概念研究	・論理の競合に対応するためには認知フレームワークに注目することが重要であると主張した。
Malsch & Gendron (2013) JMS	業界	・専門サービス業 (ローファーム, 会計事務所など) ・専門ロジックと商業ロジック	概念研究	・制度変化は既存の大手会計事務所が自身の地位や権力を維持しようとすることで生じる。・ブルデュー学派のアイデアを制度論に援用した。
Smith (2014) AMJ	組織	・フォーチュン 500 企業のうち 6 企業のトップマネジメントチーム	定性研究	・組織の意思決定を題材として、組織が多元な同化的圧力に晒される理論的根拠として IL 多元性を引用した。
Wry & York (2017) AMR	個人	・社会的企業 (social enterprise) と起業家 ・社会福祉のロジックと商業のロジック	概念研究	・多元な IL に晒される社会起業家がどのように機会を見出していくかにおいてアイデンティティが果たす役割を論じた。
Zietsma et al. (2017) AMA	制度	・多元な IL が共存する「場」としての制度フィールド	概念研究	・制度フィールドを交換がなされるフィールド (exchange field) と問題を共有するフィールド (issue field) に分類した。

出所）筆者作成

3. 文献のグループ分けと論点の導出

　文献レビューのうえで，28本の論文を二つのグループに大別した。一つめのグループ（グループ1）は，制度ロジック以外の概念を主題とした研究において制度ロジックに言及している論文群（計9本，図表1-2参照）である。

　9本の論文はいずれも，制度ロジック以外の概念，たとえばコーポレートガバナンスや大きな社会課題（grand challenge）を主題にする中で，特に「競合する論理（competing logics）」，つまり業界・組織・個人が多元な要求に晒されるがゆえに複雑性をはらむことの理論的根拠として制度ロジック概念に言及している。これらの言及からは制度ロジック概念の幅広い分野への浸透が窺えるものの，制度ロジックそのものを主題として深い考察を加えているわけではない。そのため，本書の主題に直接には関連しない研究群であるともいえる。

　もう一つのグループ（グループ2）は，制度ロジック多元性を主題とした研究群である。分析単位別にみると，業界などのマクロ（4本），個人（1本），マクロとメゾ・ミクロ間のインタラクション（2本，以上図表1-3a），そして組織（12本，図表1-3b）の計19本となっている。先行研究においては組織を分析単位とした研究が多く，「組織における」制度ロジックへの注目度が高いことが窺える。

　分析の結果導出された発見事実として，まずグループ2のすべての研究が複数の制度ロジックを扱っている。既に述べたように，制度ロジック研究では，制度ロジック多元性を前提とすることが自明視されているといえる。次に，研究の対象として「ハイブリッド組織」に注目が集まっている（e.g., Battilana & Dorado, 2010; Battilana, Sengul, Pache, & Model, 2015; Jay, 2013; Pache & Santos, 2013; Toubiana & Zietsma, 2017; Tracey, Phillips, & Jarvis, 2011）。

　これらの研究におけるハイブリッド組織とは，原義としては複数の組織形態を組み合わせた組織を意味する（Battilana et al., 2015）。ハイブリッド組織の特徴は，創生間もないために高い不確実性に晒されており，また組織としての「若さ」ゆえに未知の手段によって多元な要求を解決することが求められること（Battilana & Dorado, 2010）や，私益を追求しながらも公益への寄与を求められるなど，多元な要求をつきつけられる状況にあること（Jay,

図表 1-3a　グループ 2：制度ロジック多元性を主題とした研究

著者，出版年，掲載誌	分析単位	研究対象・題材となる制度ロジック	研究類型	主張や論点
分析単位：業界などのマクロ				
Dunn & Jones (2010) ASQ	業界	・アメリカの医学教育界 ・科学ロジックとケアのロジック	定性研究およびび定量研究	・専門家は単一の IL に依拠するとは限らない。 ・長期的に二つの IL が共存する中で、IL 同士がバランスを保ったり、乖離したりする。
Fuenfschilling & Truffer (2014) RP	業界	・豪州の都市水道業界 ・環境ロジック、市場ロジック、公共性のロジック	定性データを用いた定量定量研究	・二つの異なるロジックが、ある時期にはひとつの IL として「半共存 (semi-coherent)」する。しかし、社会認識の変化に影響を受け、共存状態が解けて分化していく。
Reay & Hinings (2005) OST	業界	・カナダのヘルスケア産業 ・医療専門家のロジックと事業化されたヘルスケアのロジック	事例研究	・専門ロジックから市場ロジックへの移行は急速な変化をもたらず。いっぽうで、過去のドミナントな IL が持続し続けることにも注目すべきである。
Reay & Hinings (2009) OST	業界	・カナダのヘルスケア産業 ・医療専門家のロジックと事業化されたヘルスケアのロジック	事例研究	・長期的にみて多元な IL は共存し続ける。フィールド内の行為主体によるコラボレーションにも注目した。
分析単位：個人				
Smets et al. (2015) AMJ	個人	・イギリスの保険会社 (2009～2010) ・コミュニティロジックと市場ロジック	定性研究	・個人レベルにおいて、いかに IL の共存が図られ、かつ相互作用による利益が得られるのかについて注目した。 ・IL を両立させるメカニズムを区分化 (segmenting)、橋渡し (bridging)、限定された統合 (demarcating) の三つに分類した。
分析単位：マクロとメゾ・ミクロ間のインタラクション				
Greenwood et al. (2011) AMA	制度と組織	・マクロレベルの制度複雑性と組織への影響	概念研究	・制度複雑性と制度多元性に組織が対応することによって、フィールドと組織の間に相互作用が生じる可能性を指摘した。
Smets et al. (2012) AMJ	制度と個人	・グローバルローファーム ・専門ロジックとしての、顧客サービスのロジックと受託者 (fiduciary) のロジック	事例研究	・「実践が導く制度変化 (practice-driven institutional change)」に注目し、個人レベルの実践がフィールドレベルでの IL のシフトを引き起こすことを明らかにした。

出所）筆者作成

図表 1-3b　グループ2：制度ロジック多元性を主題とした研究

著者, 出版年, 掲載誌	分析単位	研究対象・題材となる制度ロジック	研究類型	主張や論点
分析単位：メゾ（組織）				
Battilana & Dorado (2010) AMJ	組織	・ボリビアにおけるマイクロファイナンス ・銀行のロジック、開発のロジック、拡大する商業マイクロファイナンスのロジック	比較事例研究	・ハイブリッド組織における二つの相反するILの組み合わせについて論じ、組織がハイブリッド性を維持する条件について考察した。
Battilana et al. (2015) AMJ	組織	・フランスの、失業者のための社会的企業 ・ソーシャルロジックと事業ロジック	定量研究・比較事例研究	・ハイブリッド組織において生じるトレードオフ関係にどれだけ「交渉の余地」があるかが生産性に影響する。
Besharov & Smith (2014) AMR	組織	・IL多元性下において生じるコンフリクトの多寡が何によって決定されるか	概念研究	・「中心性（centrality）」と「両立性（compatibility）」の二つの指標によってコンフリクトの多寡が決定される。
Greenwood et al. (2010) OSC	組織	・スペインの製造業 ・地域政府のロジックと同族のロジック	史的分析・定量分析	・地域政府のロジックと同族のロジックは、組織がどのように市場ロジックを支配するかに影響を与える。また、宗教が影響をもって示唆された。
Ioannou & Serafeim (2015) SMJ	組織	・アメリカ企業のCSR ・エージェンシー／ステークホルダーのロジック	定量研究	・投資市場において、投資家側のILが変移していたことを明らかにした。
Jay (2013) AMJ	組織	・エネルギーを扱うアメリカのハイブリッド組織 ・事業ロジックと非営利のロジック	定性研究	・公共に向けたサービスと顧客に向けたサービスとの間において「サービスのパラドックス」が生じるプロセスを明らかにした。
McPherson & Sauder (2013) ASQ	組織	・アメリカの薬物裁判所 (drug court) ・刑事罰・更正・コミュニティ・効率性のロジック	定性研究	・ILを道具的に活用 (using as a tool) することが、制度複雑性への対処や自身の正統化に有用である。
Miller et al. (2011) ASQ	組織	・アメリカのフォーチュン1000 ・同族のロジックと起業家のロジック	定量研究	・アイデンティティとILのバリエーションによって、同族経営者と単独創業者における差異を説明できる。
Pache & Santos (2010) AMR	組織	・IL多元性に対する組織の対応	概念研究	・多元なILに組織が対応するにおいては要求の性質と内部のILが、組織の戦略を決定する重要な指標となる。
Pache & Santos (2013) AMJ	組織	・失業者向けの社会的企業 ・社会福祉ロジックと商業ロジック	比較事例研究	・組織は、二つの異なるILを選択的に結合 (selective coupling) する。選択的な結合によって正統化が可能になる。
Toubiana & Zietsma (2017) AMJ	組織	・変性疾患を扱うカナダの非営利組織 ・ケアのロジックと研究のロジック	定性研究	・あるILが問題解決を期待されつつ別のILが行うことと悪感情を抱きやすく、さらにSNSを介して悪感情が増幅する。
Tracey et al. (2011) OST	組織	・イギリスの社会福祉業界 ・営利のロジックと非営利のロジック	事例研究	・対立するILの結合によって新しい組織形態が導かれる。プロジェクトが失敗したにも関わらず、ハイブリッドとされたILは持続し続ける。

出所）筆者作成

2013）である。具体的には，社会的企業や，官民連携や部門間連携を行う組織などがハイブリッド組織として分類される（Jay, 2013）。制度ロジック多元性の特徴としてコンフリクトの源泉となり得ることが指摘されている（Greenwood et al., 2011）ように，制度ロジック多元性はときに組織に恒常的なコンフリクトを生じさせる。組織生成の根源からして制度ロジック多元性に晒されるという点で，ハイブリッド組織は制度ロジック多元性の視座を用いることの意義が大きい対象であるといえる。

　また，これらの研究には社会的企業を題材としたものが多いため，制度ロジック多元性を構成する制度ロジックは主に「社会性のロジック」と「事業ロジック」の二つとなっている。つまり，社会的企業は社会問題を解決することを主要なミッションにしているいっぽうで事業性も追求する必要があり，たとえば社会的企業が協働テーマを選定するにおいては，社会的意義のある事業と収益性のある事業のどちらを優先すべきかといった面でコンフリクトが生じやすく，それらの多元な制度ロジックが組織に影響をもつという前提がおかれている。

組織の対応

　既に述べたように，制度ロジック研究は組織を分析単位としたものが多く，かつ組織がいかに制度ロジック多元性に戦略的に対応（response）するのかへの関心が高い。先行研究によると，マクロ単位では，長期的にみて多元な状態が継続する（Reay & Hinings, 2009）中で，制度ロジックそのものが組織にとって戦略的なリソースになり得るため，組織は戦略的に制度ロジック多元性に対応する（Durand et al., 2013）と考えられている。グループ 2 において組織を分析単位として扱った研究をみても，いずれも組織が制度ロジック多元性を捕捉しながら，意図的に対応するという前提を有している。組織的対応への注目は，長年に渡って制度論の課題とされてきた社会化過剰の組織観が近年の研究では克服されつつあることの証左でもある。その反面，組織が制度的環境を完全にコントロールできるとする視座はこれもまた「社会化過少の組織観」だと批判される。

　たとえば Mutch（2018）は，制度ロジック研究を含む制度論研究が主体の

積極的な役割を強調し過ぎていると批判する。制度論アプローチの特徴は、たとえば企業という制度に埋め込まれた人間が「企業家」としての規範や正統性をときに無意識的にあらかじめ共有し、自身の行動に反映させていくという構図を採用する点にある。これに対して、企業家の行為主体性（agency）を強調し過ぎることは、制度論を理論的背景とすることの意義を減じているともいえる。またマッチは、制度論における道具箱（toolkit）概念（Swidler, 1986）も批判する。道具箱概念とは元々は文化論において提唱されたアイデアであり、組織や個人といった主体が文化を自身の戦略を達成するための「道具箱」であると捉え活用することを意味する。制度ロジック研究においてもMcPherson & Sauder（2013）が薬物裁判所（drug court）を事例として、多様な制度ロジックが道具的に活用されることを指摘している。しかしマッチは、たとえ組織や個人が元々依拠していた制度ロジックとはかけ離れた実践を行ったり、違った制度ロジックが顕在化したとしても、元々の制度ロジックは何らかの「痕跡」を残すと指摘する。つまりマクファーソンらが描いたような、複数の制度ロジックを状況に応じてスイッチするといった組織的対応の実現可能性を疑問視しているのである。

　マッチの主張はどちらかといえば社会化過剰の組織観寄りの傾向はあるものの、制度あるいは制度ロジックの同化圧力に対して組織の対応がいかに思い通りに行われるのか、そもそもそれが可能であるのかは、慎重に検討される必要がある。つまり、制度ロジック多元性下における組織の対応を検討するにおいては、その対応がいかに組織の意図によってなされたものであるのか、同時に「埋め込まれた」無意識の部分を含むのか、といった論点が重視されるべきであり、今後の研究において深耕が求められる課題であると捉えられてきたといえる。

制度ロジック多元性とコンフリクト

　制度ロジック多元性に対して組織が採る対応はいくつかのパターンがあることが指摘されており、たとえばグループ 2 における研究では選択的に結合する（Pache & Santos, 2013）、状況に応じてスイッチする（McPherson & Sauder, 2013）などの組織的対応が示されている。その他の研究でも複数の

ロジックをブレンドする（Binder, 2007），区分化を行ったうえで複合する（Dalpiaz et al., 2016）などのパターンが提示され，Kraatz & Block（2008）は組織的対応の主たる類型としてコンフリクトの源の排除，ドメインの区分化，積極的な緩衝，新たな秩序の構築の四つが挙げられると整理している。しかし，これらの研究はどちらかというと個別事例を扱うなかで，抽象化された組織的対応のパターンを提示するにとどまっている側面がある。こうした研究方向の分散を是正すべく，制度ロジック多元性下における組織のマネジメントについて統合的な説明を試みた研究として Besharov & Smith（2014）に注目する。ベシャロフらの研究は，制度ロジック多元性研究における総括的レビューと鍵概念を示した点で貢献が大きく，稀少な研究となっている。

　ベシャロフらは，制度ロジック多元性に関する研究の多くでは，制度ロジック多元性への認識が実際問題として複数の制度ロジックが存在するという程度にとどまっており，制度ロジック多元性がもたらす現象がなぜ各々の組織によって異なるのかという理論課題に答えられていないという問題意識に基づいて，制度ロジック多元性が生み出すコンフリクトの多寡を決定する要因について考察した。ベシャロフらの新規性として，中心性（centrality）と両立性（compatibility）という二つの概念を提示したことが挙げられる。中心性とは「複数の制度ロジックが組織の機能に等しく有効となる，または関連があるとみなされる程度」（p. 369）と定義され，両立性は，「複数の制度ロジックの実体化（instantiation）が組織の行動に合致，または組織の行動を強化する程度」（p. 367）と定義されている。ベシャロフらはこの二つの概念からマトリックスを構築し，制度ロジック多元性が組織に与えるコンフリクトの多寡を表現した。

　この二つの概念は，制度ロジック多元性が組織にもたらすコンフリクトの多寡を，制度ロジックと組織の中心機能および行動との関係によって測定する指標である。つまり，コンフリクトの大きさは組織の文脈によって決定されることに焦点を置いている。そのため，「制度ロジックそのもの」がどういう構成要素をもつか，それが他の制度ロジックとの関係においてどう作用するのか，という側面は（意図的に）捨象している。このように組織的対応に関する研究は，組織の中における意思決定や実践には精細な検討を加えて

いるが，そもそも対象としている制度ロジックの構成要素や，複数の制度ロジック同士がどのように影響を及ぼしあっているのかなど「制度ロジック間の関係」への検討は Sauermann & Stephan（2013）などの例外を除いて比較的に乏しい（Ocasio et al., 2017）。

制度と制度ロジックの関係

　では制度ロジック間の関係を捨象することで，どのような問題が生じ得るのだろうか。たとえば，グローバリズムや新たな法制度の導入などによって組織の外部から新たな制度ロジックがもたらされることで制度ロジック多元性が生じるという構図は，制度ロジック研究の主要な題材の一つである（e.g., Kitchener, 2002; Lounsbury, 2002; Reay & Hinings, 2005）。Durand et al.（2013）はフランスのデザイン産業における事業ロジックの流入を題材として，「新」対「旧」という観点から，組織は旧ロジックの維持（status quo），旧ロジックへの新ロジックの導入（logic addition），新ロジックへのすげ替え（logic focus）という三つの戦略を採り得ると分類した。しかし「関係」を重視する視座からすれば，現実の制度ロジック間の関係は，単に「新旧」であることにとどまらない。ドゥーランドらが扱ったケースでは，専門家としての「職人のロジック（modernism）」と，精神性を基として美的感覚を重視する「アートのロジック（formalism）」と，市場性を追求する「事業ロジック」の三つの制度ロジックが多元性を構成しているとされた。そのとき，「美」と「事業性」，あるいは「職人気質」と「事業性」といった，制度ロジック間あるいは制度セクター間の関係への検討は，組織における制度ロジックそのものやコンフリクトが生じるメカニズムに大きな影響を与える重要な要因であるはずだろう。しかし，既存の制度ロジック研究では，そうした検討が捨象される傾向にある。

　べシャロフらの主張は，組織におけるコンフリクトの多寡を測定するうえでは妥当なものである。しかし，実際に組織の機能や行動と制度ロジックの関係を把握するためには，組織に影響を与えるのがどういった制度ロジックの「組み合わせ」であるかという点は，べシャロフらの提示したフレームワークを活用するうえでも検討を避けられない論点のはずである。また Sauermann & Stephan（2013）は，過去の制度ロジック研究は制度ロジック同士が「対立している」ことを描こうとし過ぎて，共通項や関係についての検討を看過していると指摘する。サウアーマンらは企業における科学と学術機関における科学を題材として，多元な制度ロジック同士は対立するのみならず，多くの共通項を有していることを示した。このような指摘に基づいても，たとえば制度ロジック多元性を「新・旧」という軸のみで捉えようとすることは不十分である。

　加えて，マクロ（制度）とメゾ（組織）の関係についても課題が見受けられる。三つの分析単位を有することが制度ロジック概念の特徴であり，かつマクロレベルの制度セクターが有限個に定義されていることは既に述べた。また，メゾレベルの制度ロジック，つまり組織単位における制度ロジックは，組織の属する制度セクターの影響を受けて決定されると考えられている。組織レベルの制度ロジックはマクロ単位における制度セクターから生じ，マクロレベルに還元可能であるという考え方は，制度と組織あるいは個人とのインタラクションを重視する制度論においては理論的基盤ともいえる重要な観点である。

　しかし，組織レベルの制度ロジックがどのような制度セクターを基に生成されているのかについての検討はおしなべて乏しく，文献内でも定義や解説が省略される傾向がある。たとえばIoannou & Serafeim（2015）は組織レベルで観測できる制度ロジックとして「ステークホルダーのロジック」を扱っているが，ステークホルダーのロジックとはいかなる制度セクターから生じるものであるか，といった説明はほとんどなされていない。また，ハイブリッド組織を題材とした研究では，「ソーシャルロジック」（Battilana et al., 2015），「非営利のロジック」（Jay, 2013; Tracy et al., 2015），「社会福祉のロジック」（Pache & Santos, 2013）など制度ロジックとしての意味内容がほぼ同一であるにも関わらず，表記ゆれが生じている。つまり，組織を分析単位とする研究では，組織において生じる行動パターンをアドホックに説明するために制度ロジック概念を用いていることによって，必ずしも還元できる制度セクターが想定されておらず，また類型上の一貫性を欠いている。組織が置かれる制度的環境との関係を記述せずに制度ロジック概念を用いることは，

制度論のもつ理論的背景を看過するものであり，制度ロジックがバズワード化していると指摘される一因でもある。

このように，ベシャロフらの概念研究をはじめとする組織的対応に関する研究では，個々の組織の文脈の外にある制度ロジック間の関係や共通項を分析・描出するという必須の作業が看過されている傾向にある。制度ロジック「そのもの」がどういった関係にあるのかという視点が見過ごされたまま，組織における中心的なロジックと近傍のロジックとの対立や，既に組織内にあった古いロジックと外からもたらされた新しいロジックの対立といった視点に興味が偏っているのである。この理論課題を解決するためには，単一の制度ロジックのみならず制度ロジック同士の関係をいかに記述するのか，そもそもどういった多元な「組み合わせ」を対象にするのかという点により重きを置いた研究が必要になる。

本書が「科学と事業」にテーマを絞るのも，そうした理論的課題を念頭に置いているからである。たとえば産学連携活動においては，元々科学ロジックを中心にしてきた大学組織が，時代の流れと共に事業ロジックの影響を受けるようになり，それに抗ったり，あるいは順応したり，といった構図で描かれることが多い。しかしそうした構図は「新旧モデル」に回収されてしまうだろう。この大学は研究大学なので科学ロジックが中心的だが，この大学は企業の影響や工学が強いので事業ロジックが強い，といった枠組みも，ベシャロフのモデルによって回収される。そうしたフレームワークを用いつつも，そもそもとしての「科学と事業」という制度間の関係から考察することで，制度ロジック研究は新たな観点を提供できるはずである。

5 　制度複雑性

組織は，必然的に複数の制度ロジックの影響を受ける。しかし，結果的に制度ロジック多元性がコンフリクトを生み出すとは限らず，組織の文脈によってコンフリクトの多寡はかなり左右される（Besharov & Smith, 2014）。改めて主要概念について確認すると，制度に多元性が生じ，組織に両立し難い

コンフリクトを及ぼしている状況を特に制度複雑性（Greenwood et al., 2011）
とよぶ。ここまでの言葉遣いを整理すると，ある制度において行為主体によ
って運用される論理が制度ロジックであり，個人や組織はふつう複数の制度
ロジックの影響を受ける。この状態が制度ロジック多元性である。そして，
制度ロジック多元性は必ずコンフリクトを生むとは限らない。ほとんど生じ
させないときもあれば，多大なコンフリクトを生み出すときもある。そのう
ち，大きなコンフリクトが生じる状態を制度複雑性とよぶのである。組織が
制度複雑性にいかに対処するかを主題にした研究は一定数蓄積されており，
ソーシャルベンチャーは代表的な題材である（e.g., Battilana & Dorado, 2010;
Battilana et al., 2015）。ソーシャルベンチャーは社会性と商業性を両立させる
ことが根源的に求められており，その存在前提からして制度複雑性に晒され
る可能性が高いからである。

制度複雑性の複雑さ

　本書の大きなテーマは，制度複雑性が生じる状況で，組織がいかに対処を
行うのかにある。そこで，制度複雑性の研究に関して論点を整理しておく。
なぜ複数の制度ロジックが影響をもつことで，組織にコンフリクトが生じる
のだろうか？シンプルな答えとしては，資源制約と配分の問題がある。もし
「科学的に価値のある研究」と「事業的に価値のある研究」の双方に十分な
資源を割くことができるのであれば，科学と事業との間にコンフリクトは生
じないか，少なくとも減じることができる。そう考えると，制度複雑性は資
源制約がうみだす目標コンフリクトのようにも捉えられる。

　しかし制度複雑性は，複数の組織目標から生じる，単なる目標コンフリク
トを指すのではない。そういえる根拠の一つが，まず，目標のスイッチの困
難性である。組織は制度に埋め込まれている。組織は制度に対して「埋め込
み」，つまり自ら意識できないほどに深い関係になっているであるとか，経
路依存的にその文脈に嵌り込んでいるので抜け出せない，といった状況に置
かれている。よって，コンフリクトが生じているからといって，組織目標を
撤回したり，スイッチすることは容易ではない。科学的に価値があることに
従事すべきと心から信じきっている科学者を翻意させたり，別の業務に従事

させることは困難が伴うことは明らかで，十分な資源があれば達成されるものでもないだろう。制度に埋め込まれた組織にとって，制度の影響下での変革は大きな困難を伴う。

　つまり，制度複雑性はアイデンティティや規範にも関わる問題なのである（Greenwood et al., 2011）。資源配分は組織にとって決定的に重要なテーマであるものの，資源配分さえ達成すれば組織はうまくいくわけではなく，組織の経営においてはアイデンティティや規範も勘案される必要がある。そのため，組織（間）の戦略や資源配分を変更すれば制度複雑性に対応できるとも限らない。仮に，組織の戦略上明らかに優先順位が決まるとしてもアイデンティティの問題で優先順位をつけられない，ということもあり得る。福祉施設や大学が事業のロジックを簡単に導入できないのは，資源制約や目標コンフリクトの問題にとどまらない。制度複雑性は目標コンフリクトにとどまらない「複雑さ」を抱えた問題なのである。

制度複雑性の動的モデル

　そして，制度複雑性に関する既存研究の多くが看過している点がある。そもそも制度複雑性はどのように生じるのか，という生成のプロセスへの探究である。既存研究の多くでは，組織において制度複雑性が予め存在する，つまり与件だと仮定している。科学と事業の間には常に制度複雑性が生じるので，それは前提として組織の対応について検討する，といった論理構成なのである。これは，制度ロジック多元性の研究が新旧モデルに偏っていることとも無関係ではないだろう。しかし，組織的対応を考えるならば，制度複雑性がなぜ／どのように生じているのかを解明することにも価値がある。類似の問題意識から，いくつかの研究では制度複雑性の生成過程に着眼している。制度複雑性は常に同程度生じるわけではなく，環境要因，具体的には組織の種類（企業か，非営利組織か）やネットワーク，インフラなどの影響を受ける（Hinings, Logue, & Zietsma, 2017; AM Vermeulen, Zietsma, Greenwood, & Langley, 2016）。すなわち，マクロな文脈が考慮されないと，制度複雑性のコンフリクトの程度は明らかにならない。

　ここで制度複雑性に関するユニークな研究として，Voronov, De Clercq,

& Hinings（2013）の提示する論点を紹介しよう。ヴォロノフらは，行為主体の言語（スクリプト）の使い方に着目したうえで，制度複雑性の既存研究が生成プロセスを看過していることを問題視し，コンフリクトが所与のものとして生じるという理論前提に疑義を呈している。彼らはワイン造り業者の分析から，主体がオーディエンスによってスクリプトを使い分けることで制度複雑性が生じると主張した。たとえば業者は，ワイン造りを伝統工芸と捉え，強い美意識を有する「真正性のロジック」に依拠する人々に対しては，真正性を重視した語彙を用いる。他方で，ワイン造りをビジネスとして捉える人々に対しては，商業性を重視した語彙が中心となる。こうしてコンフリクトが生じるとき，実は真正性とビジネスとの間にコンフリクトが生じるのではない。別にそれらの制度あるいは制度ロジックそのものがコンフリクトを起こしているのではなくて，組織が二枚舌を使うことで，組織に内在的に複雑性が生じるのである。このような指摘は，「組織の外で生じた理不尽な矛盾に，非合理的にでも対処する」という制度論の外延的イメージを否定する意味でも示唆深い。制度複雑性は，決して予め生じるのでない。組織に内在的に発生するのである。本書でも，制度複雑性に関してはこのようなヴォロノフらの「内在的生成モデル」を支持する。

　また Schildt & Perkmann（2017）は，制度複雑性は「一時的」に生じるのだと主張する。シュルツらは，制度複雑性を研究するうえでは，主体に影響する制度ロジックが変わる過程で，複雑な状態から別の状態への動態的な移行に注目すべきだと指摘する。彼らは組織的定着（organizational settlement）という概念を基に，当初は安定的な状態にある組織が，新たなロジックの影響を受けることで制度複雑性に晒され，またそれに対処することで組織的定着がなされるため再び一時的な安定がもたらされる，という「動的モデル」を提示している。

　これらの制度複雑性の研究の知見は，制度論および制度ロジック研究にもおおいに関係する重要な視座を提供している。本書の主題である科学と事業も，先験的にコンフリクトを生じさせるものではない。恒常的に制度ロジック多元性に晒される組織であっても，多くの場合は安定的な状況に置かれるだろう。組織は常に制度複雑性に晒されているわけではなく，だいたいの場

合は平常運転できているのである。しかし，外部環境の変化によって新たな制度ロジック多元性が生じたときに，組織の文脈に関連して，内在的に制度複雑性が生じる（ことがある）。こうした制度複雑性への対処は組織にとっては未知あるいは困難な課題であり得る。しかし，だからこそ，組織は創造性を発揮してこれに対処しようとする（Binder, 2007）。その創造性こそが組織に安定や，多元性が生み出すイノベーションをもたらすのである。制度複雑性は動的で，一時的なものである。制度複雑性は組織にとって試練でありながらも，革新をもたらし組織を新たなステージへ導く機会となる。

　以上より，制度複雑性について特筆すべき点を改めて明らかにしておこう。まず，制度ロジック多元性は，常に組織にコンフリクトをもたらすわけではない。Besharov & Smith（2014）のような研究では，組織の機能と目的に注目して，コンフリクトの多寡を論じている。いわば多元性に晒される組織の状況によってコンフリクトが決まるという主張である。その他にも「新旧」といった軸で制度ロジック間の関係を捉える研究も多い。本書ではできる限り，科学と事業の関係という「制度そのものの関係」に視点を拡張して，複数の組織がいかに制度複雑性に対応するのかについて検討する。

　加えて，「平常時」と一時的な「異常時」に区分けするというのが Schildt & Perkmann（2017）の動的モデルである。組織がルーチンに従って平常運転している際には，多元性に晒されているにしてもコンフリクトは生じない。しかし，新たな組織との連携や外部環境の変化などに伴って，組織内で一時的かつ内在的にコンフリクトが生じることがある。組織はそのように制度複雑性に一時的に晒されるため，緊急的に複雑性に対処しようとする。本書ではこうした前提によって，組織と制度複雑性の関係を捉える。

第 2 章

イノベーションを
めざす組織間連携
——研究課題と分析手法

> 「(二つの対置された主張が)自身の信念を明示的に正当化すべく，より理念化された極端な方向へと議論が強化されていく。いわば対立する主張の二極化現象である。二極化が進めば対話の機会が失われ，両者の対立は先鋭化する。
>
> (中略)
>
> 組織内や組織間で顕在化する摩擦や対立は常に避けるべきものでは決してない。なぜなら，世の中を当然視する人によって組織や社会で起きる摩擦こそが，互いの暗黙裡の相違を明示的に気づかせてくれる機会を提供するからである。そのような機会は，その解決を目指した活動が起きる時，革新への活動の起点となる可能性がある。」
>
> ——Stalk（2011）を引用した軽部（2017, p. 5）

1 研究設定
——イノベーション創出をめざす組織間連携

　第1章では制度論，制度ロジック（多元性）および制度複雑性の先行研究をたどり，理論的な検討を行ってきた。この第2章では，本書の研究の背景を鑑みて改めて研究課題を導き，本書が採用する研究方法について述べていく。本書が主題とするのは，イノベーションをめざす組織同士の協働と，そこにおける科学と事業の関係である。このような対象を主題におく理由とし

て，まず実務的な背景が挙げられる。序章で述べたように，イノベーション
を生み出すための企業の体制およびそこにおける科学と事業の関係は，ここ
数十年をみても様々な面で変容してきた。概説すると，自前主義を典型的に
表した組織構造である中央研究所体制が解体され，現代はオープン化志向が
いっそう加速しつつある時代である。中央研究所のような単一組織内でイノ
ベーションを完結させる組織体制においても，科学と事業の関係をマネジメ
ントすることは難しく，そこにはコンフリクトが生じてきた。では，科学と
事業の関係は，オープン化の中でどう変容するのだろうか。

　ここで，科学と事業の関係を改めて制度ロジックの観点から解釈しよう。
産学連携活動を制度ロジックの観点から分析した Perkmann, McKelvey, &
Phillips（2018）を基にして，本書では，イノベーション創出を科学ロジック
と事業ロジックがおりなす制度ロジック多元性の影響を受ける活動であると
捉える。イノベーション創出には科学と事業の関係をマネジメントすること
が欠かせない。そして，「科学」と「事業」には，それぞれ制度ロジックと
よぶべき論理が存在する。図表 2-1 に，二つのロジックを簡潔にまとめた。
　つまり，本書では，科学的営為を行う主体と事業活動を行う主体との間の
〈制度〉の差異に注目し，それらを読み解く概念レンズとして〈制度ロジック〉

図表 2-1　イノベーションにおける二つの制度ロジック

	科学ロジック	事業ロジック
経済システム	公益／非営利	私益／営利
活動の性質	基礎科学：科学的な新奇性の追求と科学的議論への貢献が目的	応用科学：問題解決のための知識の活用と製品の開発が目的
タスクの選択基準	意思決定は個人の自律性に委ねられ，科学的好奇心に基づく	意思決定が階層的に行われ，プロジェクトは大規模化する傾向がある
アウトプットされた知識の活用	研究の公的な普及（制限のない公表）	イノベーション創造への貢献（多くの場合，機密性と保護が必要）
個人の関心事	（各分野における）科学界での承認それに伴う論文の公表	組織内の認知と承認それに伴う事業への貢献

出所）Perkmann et al.（2018）の表（p. 302）をもとに筆者作成

を用いる。科学と事業の関係が好循環に繋がれば，イノベーションの創出は促進される。他方で，科学と事業はコンフリクトも生じさせる。たとえば中央研究所体制において典型的なコンフリクトとして挙げられたのは，表では「タスクの選択基準」にあたる，研究における志向性の問題である。科学者が科学ロジックに強い影響を受けている場合，「おもしろい研究」や「科学的に価値のある研究」をしたい，と思うだろう。しかし，事業側は事業に役立つ研究をしてほしいと思う。かつ，科学者が比較的に個人主義で，個人の志向を重要視するのに対して，事業側はタテの関係が強く，経営陣や上司の指示を忠実にこなそうとする。これらの差異が，コンフリクトを引き起こす。科学者に強い自律性を認める中央研究所体制では，企業研究者であっても，科学ロジックに主導されて意思決定をし，研究活動を進めてきたと考えられる。

　ただこのようなコンフリクトは，特定の手法を用いることで社内においてマネジメント可能になるとも考えられてきた。日本企業に特有とされる「システム分化」などは注目できる概念である。科学と事業とを柔軟に行き来する役割の活用によって，コンフリクトが生じつつもイノベーションを結実させてきた。同一組織内の問題であれば，そういった統合や調整が有効な手段になる。しかし，オープン化されたイノベーション創出活動には，複数の組織が関わっている。組織間の協働が伴うと何が起きるだろうか。まず，より〈純化〉された組織同士で協働することが考えられる。たとえば産学連携は，大学と企業の協働である。このとき，大学はほとんど事業ロジックの影響がなく，科学ロジックが強い組織である。その大学が企業と連携するのであれば，システム分化や重量級プロジェクトマネジャーのような，同一社内での調整を念頭に置いてきた手法は，必ずしも有効ではないか，そもそも可能ではないだろう。そういった社内の調整機能は，長い時間をかけて組織に涵養されるものであり，投資や人材育成も必要であるからである。つまり，社内において性質の異なる二者（以上）の対象をまとめる機能と，性質の異なる複数の組織の協働をまとめる機能とは別であり，後者は未発達であるか，協働にあたってそういった機能が準備されていないことすら想定される。

　一例として産学連携を考えよう。大学で生み出した科学知識を事業に活用

する知識移転をどうすれば活発化でき，成果を向上させられるかについて，一つの結論は専門性を備えたアソシエイトを十分に雇用することである，と導出されている（林・坂井・山田，2022）。ただ林らが指摘するように，人件費や人材プールを鑑みるとこれは一概に実践的な解とはいえない。オープンイノベーションにおいては仲介機能・組織が（今後発達する可能性はあるとはいえ）おしなべて未熟な状態であり，単一組織内でのマネジメントに比べて，組織間の差異は鮮明化するいっぽうでそれらを繋ぐ機能が全体として準備されていないという問題が存在する。

　またいくつかの文献では，日本は米国に比して組織内での役割分業が混淆する傾向があり，必ずしも明瞭な分業がなされていないことが指摘されてきた。中央研究所体制において科学ロジックの優越が認められると同時に事業側の意見が重視されてきた（山口ほか，2000）ことや，システム分化のような日本的な慣習はその表れである。換言すると，特に日本企業の自前主義的組織体制においては，純度の高い一つの制度ロジックに依拠するのではなく，同一組織内における制度ロジック多元性とその折衷がより意識されてきたのだといえる。またそうしたマネジメントが可能となった背景には，組織内に明確な指揮命令系統や権力構造があったことは見逃せない。つまり，最後は組織内ではっきりと優先順位を決める体制が存在したのである。組織間連携では，そういった組織内だからこそ採り得た手法や，単一組織内の権力構造が十分に作用しないことが懸念される。

　もう一つ，組織間連携における制度複雑性を考えるうえで，注目すべき点がある。既存の制度ロジック研究や制度複雑性研究において，組織間連携を扱ったものはないわけではなく，むしろ，一定数存在している。しかし，そうした研究では，片方の組織を外圧として捉える傾向があった。本書の文脈に合致する部分が多く，重要なベンチマークとして捉える Perkmann et al.（2018）を例に挙げたい。この論文のタイトルは，"Protecting scientists from Gordon Gekko" である（副題省略）。日本語にすると「ゴードン・ゲッコーから科学者を護る」となる。ゴードン・ゲッコーとは，映画 "Wall Street" シリーズに登場する投資家である。収益至上主義の冷徹な人物で，「欲は善である（Greed is good.）」のせりふに代表されるように，作品内では守

銭奴のように描かれる。新自由主義を体現したかのような振る舞いで，社会的に大きなインパクトを残した（創作上の）人物である。

　このような守銭奴が大学に侵入してきた例が，たとえばパテントトロール問題である。大学のオープン化や産学連携推進の流れに便乗して，「パテントトロール」「知財マフィア」と呼ばれるような人々が大学の研究を食い物にしようと大学に乗り込んでくる。大学の科学者は自身の仕事を妨害されるばかりか，せっかくの研究成果を特許として奪われてしまう。こうした絵図において，逆にゴードン・ゲッコーから科学者を護る産学連携とはどのようなものか？という問いが立てられるのである。

　そのような災難に実際に直面したという方もいれば，実状に憤りを感じる方もいるだろう。パテントトロール問題はもちろん事実として起きたことであり，何らかの防御策を講じる意味もある。ただ，気をつけねばならないのは，大学に関わる企業人がすべてゴードン・ゲッコーのわけもない，ということだ。実際のところ，パテントトロール現象は頻度としてはほとんど起きていない特異な例であり，誇張されたイメージであるとする指摘もある（Risch, 2012）。事業から科学を護る，つまり異なるロジックを外圧と捉えることは危険である。自身らが強固に依拠する制度のロジックだけに身を委ね，それ以外を外圧と捉え，外圧にストレスを感じ，ストレスをいかに排除するか，あるいは回避するか，という構図が一度描かれてしまえば，協働など成立すべくもないだろう。これはまた，制度がもつプレッシャーは非合理的であるから，脱連結したり，隠蔽などの回避行動を以て対処するべきである（e.g., Oliver, 1991）という，制度論の「誤った」，少なくとも「偏った」外延的なイメージに引きずられた論理でもあるのだ。

　組織と環境という二元論の範疇においては，自組織を除くすべての組織は「外部環境」とみなされる。外部環境は外圧でしかなく，まともに取り合ってはいけない，などと思ってしまえば，組織間連携は成立しない。いわば組織論的分断である。しかし，ゴードン・ゲッコーの比喩にとどまらず，あまりに多くの研究は他組織を外圧として捉えてしまう。これは，第1章最終部で述べたシュルツらの動的モデルに共通した問題意識でもある。組織間連携が，常に固定的な外圧に対処する営みであるとは限らない。産学連携を例に

とるなら，大学は大学で科学ロジックの安定下にあり，企業は企業で事業ロジックが支配的であることで安定を得ている。これらが協働することで一時的に複雑性が生じるものの，両組織はそれをなんとかやり繰りすることで再び安定を得る。この動態において，相手方の組織は外圧でも，敵でもない。自組織と同じように，協働によって成果を得るために，創造的であろうと腐心する，その意味では全く対称な組織である。また，「外圧」たる協働組織においては，コンフリクトは生じないのだろうか。むろんそんなわけもなく，相手組織は相手組織で，制度複雑性に対処しようとするはずである。動的モデルに則ると，組織間連携は「外圧モデル」とは違ったものとしてみえてくる。制度複雑性への対応は，決して制度による非合理な外圧をはねのける組織の対応として（のみ）描かれるべきではない。組織間協働における制度複雑性への対応は，常に複数の組織による対応となるのである。

　ただ，動的モデルに則って組織間連携を分析すると，プロセスそのものは複雑化するだろう。パターン化された既存の対処法が通用せず，創発的に，失敗を重ねながら制度複雑性への対処を試みるしかないからだ。本書では，そうした対応のプロセスを丹念に追うことで，複雑性に対応する組織の活路を分析していく。

2　研究課題の導出

　ここで改めて，本書に通底する研究課題を導出しよう。本書の研究課題は，イノベーション創出をめざす組織の協働において，科学と事業の関係がどのようにマネジメントされ，制度複雑性への対応がなされるのかについて明らかにすること，である。この研究課題には，既存理論において未解決な理論的課題が含まれる。まず，既存の制度複雑性の解決策は，同一組織内での運用を前提としたものが多い。しかしそういった手法は，組織間連携において同様に用いることができるとは限らない。本書は，同一組織内ではなく組織間連携を伴う場合，科学と事業の関係はどうマネジメントされるか，という境界条件を替えた形での研究でもある。

　また，制度複雑性の研究としても，理論課題に挑戦している。主には，シュルツらの動的モデルに則り，事例における生成プロセスから追うことで，制度複雑性のマネジメントについて理論的に示唆を与えることをめざす。制度複雑性の研究，あるいは制度ロジック多元性の研究では，ある特定組織の外にあるものを往々にして「外圧」とみなし，組織がそれに対処するといった構図が採用されてきた。しかしこれでは，制度複雑性の動態を捉えることはできない。かつ，協働相手にとって制度複雑性が「どうであったか」が必ずしも明らかにならない。異なる制度ロジックの影響下にある相手組織が外圧として処理されるとき，相手組織側がどうであったかという事情は捨象され，無視される。この双方の組織について検討すべきという問題は，両組織からデータを収集すればよいという問題ではなく，同じ事象に対して両者の視点，思考，行動がいかに異なっており，そして協働を模索したのか，ということを探る必要がある。

3　本書に関する方法論

　このような研究課題に答えるため，本書では複数事例を通じた質的なアプローチを採用する。研究課題として，複数の組織が協働するにおいて生じる制度複雑性に組織「ら」がいかに対処するのかを検討する必要があるため，選択された事例についてそのプロセスを質的に調査し，明らかにすることによって研究課題に接近していく。ただ，質的アプローチには，多くの批判や問題点が指摘されてきた。事実として，質的アプローチには曖昧な点が多い（という外延的イメージがある）と同時に，質的研究においては必ずしも研究者自身の研究上の立場が明示されておらず，ゆえに混乱を招いてきた側面がある。また，世界最大の経営学学会である Academy of Management（アメリカ経営学会）に所属する研究者は，実に9割が量的な研究者であるといわれる（Gehman et al., 2018）ように，マイノリティである質的研究は，その価値や妥当性を認められづらいことも少なくないのが実状だ。そこで本書ではここで紙幅を割き，研究方法についてもある程度のレビューを行い，本書の

スタンスを明示しておきたい。

　質的研究はマイノリティであるとはいえども，経営学研究においては，特に日本（語）の経営学では，事例研究には一定の地位が認められ，質量ともに豊かな研究が重ねられてきた。国際的にみても，たとえばアワードを受賞するような優れた研究には，事例研究が少なくない（井上，2014）。国際的なトップジャーナルである *Administrative Science Quarterly* においても，ASQ 自身が質的研究を好んで掲載するといったジャーナルごとの「傾向」は考慮されるべきであるものの，優れた研究に贈られる ASQ Award の約半分は 2004 年以来，（多くは事例研究でもある）質的研究である（Pratt, Kaplan, & Whittington, 2020）。学術的な方法論としてもイン（1996）をはじめ多くの研究書が存在し，ある程度の標準も形成されている。

事例研究の意味と目的

　ところで，そもそも〈事例研究〉とは何であろうか。〈事例〉とは，何を指すのか。このような素朴で初歩的な質問を敢えて投げかける背景には，まず，〈事例研究〉と〈質的研究〉が，ほぼ同一のものとして捉えられ，あまつさえ混同されてきた，という事情がある。この問題について考えるための例を挙げよう。

　　「ここでの分析は，あくまでも一企業の R&D 活動を対象とした，いわば事例研究に過ぎず，結果の一般化に限界があることは否めない。」（椙山，2005, p. 62）

　これは，定量アプローチが用いられたある研究における一節である。また酒井（2020）も，タイトルに「比較事例分析」と銘打ちながらも，定量的な処置がなされた研究である。つまり，これらは量的研究でもある事例研究である。もし事例研究と質的研究を同一視してしまうと，こうした研究を捉えることができなくなってしまう。なおこれらは学会賞を受賞した，高いクオリティが認証された研究であることも付記しておく。

　もちろん，事例研究でもあり質的研究でもある研究は多い。むしろ発表さ

れている論文を眺めても，ほとんどすべての事例研究（と銘打った研究）は質的研究である。しかし，事例研究であるから質的研究であるわけでも，質的研究であるから事例研究であるわけでもない。特に経営学においては質的研究であれば事例研究，つまり特定の事例に区切られた範囲のみを対象としているのであり，量的研究であれば〈一般法則〉を定立したと捉える，という二分法が暗黙的に前提されてきたという背景がある。本書では，敢えてここに懐疑してみたい。

　事例研究を考えるうえで，もう一つ論点を挙げよう。分野による事例の扱いの差異について，である。質的研究が発展してきた分野に看護学がある。医学と密接な関係にある看護学においては，基本的に量的な手法を駆使する医学を補うように，「看護師（ら医療従事者）が観察するからこそわかること」を追究するために質的研究が発展したと推測できる。また経営学における質的手法として代表的なグラウンデッドセオリーアプローチ（GTA）は，主たる領域として看護学において発達してきた手法でもある。

　ただ，GTA は原典としての Glaser & Strauss（1967）からいくつかに分派しており，それぞれのアプローチには相違点が存在する。GTA の分派を詳細に解説した竹下（2021）は，1967 年のオリジナル GTA と，木下（1999）などで提起された M-GTA（修正版グラウンデッドセオリーアプローチ）とを比較している。それぞれのアプローチの代表的な対象として終末期医療と老老介護が挙げられ，それぞれに要求される「面接対象」，つまりデータ収集においてどれだけの範囲の調査対象者（informant）にアクセスすればよいのかについて示される基準が，アプローチによって異なっているのである。具体的には，オリジナル GTA では「両側」，すなわち援助者と被援助者の双方にアクセスすべきであり，対して M-GTA では片側，つまり援助者と被援助者のどちらかだけであっても GTA が成立すると考えている。

　これを本書の文脈に転化しよう。つまり組織間連携，たとえば X 大学と企業 Y 社の協働プロジェクトを題材とするとき，オリジナル GTA であれば双方を面接対象とすべきで，M-GTA であれば片側でよい，となる。しかし直感的には，たとえば患者さんのみに聞き取りを行って構築された理論と，看護師や医師にも聞き取りを行ってつくられる理論とは，必ずしも一致しな

いだろう。「患者A氏の事例研究」を行ったとして，そのアプローチによって事例の意味内容は異なり得るのでないだろうか。

このように，どこまで／何を「事例」と考えるかは，実はそれぞれのアプローチによって異なっている。事例の範囲と境界は，研究者の採るアプローチによってかなり変動するのである。経営学では，ほとんどの（単一）事例研究とは，（単一の）組織を題材とした研究を意味する。こうした例から経営学の事例研究を再考すると，いったい事例の示す範囲はどこで，いかに事例を数えるのか，という問題に対する答えが存外曖昧である，少なくとも多様であることが自覚されてくる。経験談で恐縮だが，筆者がかつて参加した，会話分析を主たるアプローチとする社会学者による研究法のセミナーでは，事例とは「一組の会話である」と説明された。会話分析において事例とは「特定の一組の会話」だというのである。これがどれくらい当該領域における代表性をもつ立場かは定かでないものの，事例が内包する範囲の多様性が示唆される例である。

このように複数の領域を跨いでみると，経営学，看護学，（会話分析アプローチの）社会学における事例研究とは，介護施設の研究，老老介護を行う人の研究（両側／片側で二種），そこでなされる「一組の会話」の研究，となる。極端なことをいえば，東京都の1人，東京都の組織，東京都の全数，日本の全数，アジアの全数，世界の全数を対象とする研究は，すべて何らかの意味での「事例研究」と捉えることが可能なのである。このようなレイヤーの違いにおいて，経営学が（企業）組織を事例と捉えて，事例と呼称する根拠とは何だろうか。改めて，事例とは何であろうか。

一般性に対するアプローチ

この問いは〈一般性〉への考察と深く結びついている。すなわち，事例研究がなんとなく「信用ならない」もので，「限定的な」ものであると捉えられてきた主たる理由は，必ずしも一般性が確保できないからである。素晴らしい事例（研究）があったとしても，それは「いち事例」でしかない。他の事例だと論理は異なり，知見が当てはまらない。一般性のある，つまり限りなくすべての事例を説明できるものでないなら，それは「しょせん」事例研

究なのである，という侮りが含まれているとも邪推できよう。

　ところで研究上非常に重要な概念として「外的妥当性」がある。ある範囲で観測された結果について，他のサンプルを用いても同様の結果が得られるか，という意味での妥当性を意味する言葉だ。たとえば日本の企業を対象にした研究の結果が，アメリカの企業を対象にしても同様に成立するのかをめぐる妥当性である。一般性を求めるのであれば，研究の知見に関してこの外的妥当性が広く認められないといけない。しかし，特に社会科学における外的妥当性の有無は，必ずしも研究の知見そのものの〈真偽〉に直結しない。社会科学における「再現性の危機（replication crisis）」を論じた川越・會田・新井（2022）曰く，実験を用いた研究において外的妥当性は重要でありながらも，外的妥当性は「あまり気にしなくてよい」（p. 9）ともいわれてきたそうだ。こうした文献を基に，外的妥当性を軽んじる意図はまったくない。ただ，外的妥当性が認められない結果は偽である，信用がならない，とはいうべきでない。川越らが対談の中で述べるように，ある範囲で観測された結果が他の対象で成立しなかったとしても，なぜそのような差が生まれるのかという観点から，さらなる研究の発展は期待できる。事例研究が外的妥当性を必ずしも担保できていないことは，事例研究の価値を損なうものではないはずである。

　また，いうまでもなく，社会現象はきわめて一般法則が定立しづらい。真とされた結果が国や地域といった場所によって異なることもあれば，時代の変化によって法則が成立しなくなることもある。よって，ある実験や調査の結果が異なるサンプルにおいては実証されなかったとしても，それ自体は結果に疑義を生じさせるものではなく，むしろ理論の進展に寄与する契機となる。このように捉えることは，外的妥当性を確保できない知見を排除するより，建設的な意見であろう。つまり本書のスタンスは，事例研究によって得られる知見はあくまで限定的な状況下におけるものであることは認識しつつ，その事例に関して最適な理論的説明を施すことと，それを通じて理論的貢献をなすことに主眼を置いて事例研究を行う。

　これまでの議論は換言すれば，予測的理論（predictive theory），つまり将来におけるより多くの事象を説明する一般理論と，解釈的理論（interpretive theory），つまり当該現象を最適に説明できる理論という二分法に基づいた議論でもある。この〈一般的法則〉と〈局所的事例〉について，もう少し詳しくみてみよう。本書の直接の主題ではなく，また深入りし過ぎると論旨がずれてしまうため注意を要するものの，事例研究としてのスタンスを明確化するために紙幅を割きたい。予測的理論と解釈的理論の差異について考えるためにはまず，実証主義と解釈主義について触れねばならない。一般的には，個々の研究（者）ごとの解釈の違いはあっても，最終的には法則のような規則性で発見され記述される客観的な現実があると考えるのが実証主義である。これは量的な研究に限定される話ではなく，先述のインのテキストのような，伝統的で主要な事例研究のテキストの立場でもある。

　ところが近年，解釈主義が質的研究で台頭しつつある。たとえば質的研究の「テンプレート」として近年引用数がますます増加する Gioia, Corley, & Hamilton（2013）の主著者であるジオイアも解釈主義者を自称している。ここでの解釈主義とは，調査対象者の解釈を最優先する立場である。端的には，「何が事実か」と問われたときに，解釈主義者は「調査対象者が述べることが事実だ」と答えるであろう。つまり，近年の研究の潮流からは，量的研究は実証主義であり，質的研究は解釈主義であるという対立構図がいっそう鮮明になりつつあることが窺える。

　このような立場をとることで何が変わるのだろうか。なぜ実証主義と解釈主義は「対立」するのだろうか。一つに，（一部の）解釈主義としては，「一般法則が成立する必要がない」と考えるからである。つまり，解釈主義（解釈的理論）からすれば，実証主義（予測的理論）は成立しないと考えるか，成立するかどうかを問う必要がない。「ビートルズがなぜ／どのように世界的なヒットを記録していったのか」をリサーチクエスチョンにする研究があるとして，その答えはさしあたりビートルズの事例を最適に説明できればよい。それが同時代のイギリスの他の歌手グループや，他の国の・時代の歌手グループ，はたまた企業に適用できるかどうかは問う必要がないか，後回しにしてよい。これが，解釈的理論の立場である。逆に，実証主義を強く支持する立場からすれば，ときに解釈的理論は「非科学的な主観」と映るだろう。予測的理論を志向するのであればビートルズ「のみ」を捉えようとすることがそ

もそも悪手であり，一つの事例を注視するよりは，より研究対象のサンプルサイズを増やそうとするであろうし，事例研究を行うにしても比較などの手法を用いることが必須となる。こうした差異は，単なる良し悪しや優劣に一概に還元できない。むろん，学会（学界）の中の潮流としてどちらかが主流になったり，その反動でときに攻撃を受けたりはするのであろうものの，どちらの手法にも独自性があり，現時点で代替関係にはないとはいえる。

　改めて，事例研究の目的について明確化しよう。本書が事例研究を採用する目的は，ある特定の事例において発見された事実と，その事実の連鎖から構成されるプロセスを最適に説明できる理論の構築をめざすことにある。またこの立場における事例の範囲とは，理論に関する主張が可能となる程度において決定される。いうなれば，調査を継続しながら，調査が理論的飽和に達したと判断した時点において事例の境界が確定される。本書においては組織間連携における制度複雑性への対応を研究課題とするため，最低でも連携に関わる両組織を調査対象とすることが求められる。つまり，事例研究において解釈的理論を構築するために必要なデータ収集源はつど確定されると同時に組織間連携である限り連携する両組織を対象とすることは必須である。また，必要であれば事例に「関係」した各所にインタビューを行うであるとか，単一組織内でも，関与の立場や程度が異なる人々へのインタビューも必要となる。

　本書が対象とする組織間連携プロジェクト，たとえば産学連携において，いかに科学と事業の関係がマネジメントされたのか。制度複雑性はいかに生じ（あるいは生じず），組織（ら）はどのように対応したのか。こうした問いを明らかにすることはもちろん量的研究で不可能なわけではない。しかし本書では，事例を的確に説明できる解釈的理論の構築をめざして，事例研究のアプローチを採用する。本書はこのように解釈的理論の構築をめざすと同時に，予測的理論が成立しないという立場をとるわけではない。解釈主義の自称は決して事例研究への批判をかわすためではなく，より質の高い理論的貢献を行うためにある。つまり研究の手順としては，ある特定の事例についてそのプロセスを記述し，研究課題をふまえた理論的考察を行ったうえで，新たな理論的貢献をめざす。かつそのうえで，見出された結論や知見が，どの

程度外的妥当性があるのか，どのくらい「特殊な」条件下で観察された事象なのか，その境界条件について丁寧に考察することを心掛けた。これによって，事例研究だからこそ得られる知見を見出しつつ，実証主義的な要求にも可能な限り応えることをめざした。

質的研究における研究者の解釈

　さて，事例研究と質的研究は同義ではない，と断ったところで，先段の事例研究に関する考察は，実は質的研究における議論とかなりオーバーラップしている。ここまでの記述は主に事例研究に関する問題に答えるものでありつつも，実は質的研究に関するレビューでもあるといえるのである。そこで本書で事例研究と同時に「質的研究」を行ううえで，もう一つの論点を考えたい。「研究者の解釈」の問題である。

　解釈主義であるとか解釈という言葉が（質的）研究で用いられるとき，二種の意味が含まれる。調査対象者による事実への（一次的）解釈と，研究者による（二次的）解釈である。実は，解釈主義という語彙そのものがどちらを指しているのかは必ずしも明瞭ではない。たとえば近年の代表的な質的研究者であるジオイアやプラットは解釈主義を自称しつつも，二次的解釈について積極的ではない(see Gehman et al., 2018; Pratt et al., 2020)。ジオイアは「美化された報告者（glorified reporter）」という表現を用い，研究者としてあくまで調査対象者の「報告者」のような立ち位置をとってきたことを「告白」している。プラットは，質的研究者は "tell" ではなく "show" するよう心がけるべきだと述べている。どちらも調査対象者の解釈を最大限に尊重し，研究者が解釈を加えることについて慎重であると解釈できるだろう。

　他方で，沼上（2003）が「二重の解釈」として定式化したように，分析の過程で研究者の解釈が介入することは当然あり得ると考えねばならない。特に，研究において抽象概念を用いる場合は必須である。調査対象者が「私の仕事は論文を書くことで，それに一番興味がある」と述べたことに対して，研究者は「科学ロジックの影響を受けている」と解釈する。制度ロジックの研究を行う研究者が行う調査に対して，制度ロジックという語彙を用い，意味内容を理解し，インタビューでそのように発話する調査対象者がいるわけ

がない。研究を構成する一切を調査対象者の言葉で紡がない限りは，研究者の解釈が介入することとなる。すなわち研究者による解釈の問題は，具体（調査対象者の言葉による一次データ）と抽象（研究者の理論負荷性による二次的解釈）のリンケージの問題であると捉えられるべきである。この二重の解釈問題および抽象・具体のリンケージの問題について，ジオイア法におけるデータ構造図は問題をより簡便に解決する方法の一つである。典型的なジオイア法では，一次・二次の抽象次元を用意し，一次元・二次元・具体的データとのリンケージを図表化して表現する。これによって，調査対象者の表現をそのまま"report"しつつ，抽象次元における研究者の解釈も表記することができる。しかし，データ構造図の濫用は提唱者たるジオイア自身を含めて批判があり，簡便な方法として用いられるべきではないとする向きもある。いわゆる質的研究のテンプレート問題として昨今議論の活発な対象であり，本書ではこの問題についてはそこまで議論を深めることはできない。

　本書のスタンスでは，調査対象者から収集した質的データを基に研究課題に答えていく。しかしその過程では研究者の解釈が必然的に生じると考え，本文中にインタビュー引用を適宜入れ込むなどして，具体的データと抽象的解釈との照応関係を明示することに腐心した。このアプローチによって，少なくとも読み手にとって何が研究者の解釈であり，解釈が妥当であるか否かの判断が可能となるよう努めた。

研究の実務的貢献

　最後に，実務的貢献の可能性についても検討する。既述のような本書のスタンスは，換言すると研究に対する訳解（rendering）の存在を認めるということである。訳解とは，「研究対象の具体的な日常的活動に，研究者が専門的概念の精緻化によって解釈を施し，記号化して秩序を与える作業」（平本・山内，2019, p. 63）である。すなわち，具体的な実践に対して，研究者は訳解によって〈秩序〉を与え，対象を説明可能なものとする。ところでこのとき，「説明可能」とされる読者とはいったい誰なのであろうか。現実的に経営学研究者の研究は，たとえば読者として考え得るビジネスパーソンにとって，「説明可能」なものになっているだろうか。現実的には経営学研究は，特に

学術論文は研究者のみを読者として想定しており，ビジネスパーソンを対象
としているとはいい難い。同時に，質的研究はビジネスパーソンを調査対象
とすることが多い。調査対象者の解釈を尊重するといっておきながら，調査
対象者によっては読解困難なものとして研究を作り上げていくという「具合
の悪さ」はたしかに存在している。これもまた，質的研究が答えるべき都合
の悪い問題の一つである。

　そのうえで，実務的貢献を果たすための試みとして，事例研究を行った各
章の章末に，「実践的なまとめ」としてのノンテクニカルサマリーを付記した。
これは質的研究が，（ほとんどは）非研究者である調査対象者の言葉を拝借し
て研究しながらも，結果的に調査対象者にとって読解不可能な議論を展開し
ている，という懸念によるものである。もし本書の研究が学術上適切で評価
に足るものであっても，制度論に関する議論がちりばめられた論考を，非研
究者は容易には読解できないであろう。この限りにおいて，本書が実務的な
貢献をなすことは非常に困難になる。非研究者が「読んでわからない」もの
について実務的貢献がある，と研究者が宣うことも滑稽であろう。多少カジ
ュアルになる傾向があるとしても，非研究者にとって読解可能な「解釈」を
最後に添えることで，理論的貢献のみならず実務的示唆をなすことにも挑戦
した。

4　研究設定，方法，データ

　以上を踏まえて，本書における方法は以下のように定める。個々の事例に
おける研究設定（research setting）は，各章において詳説する。そのうえで
下記の手続きにおいては，本書に共通したものである。

　本書の各研究における主たるデータ源は，インタビューデータである。つ
まり，対象となる事例に携わった人々の証言を基にして事例研究を行ってい
る。インタビューデータについてはすべて録音したうえで書き起こし，テキ
スト化されたデータを分析対象とした。テキスト化することによって「言語
に引っ張られる」という懸念はある。第3章・第6章の一部ではフィールド

ノートを作成し，事例のプロセスで行われたことを捕捉する努力はしている
ものの，たとえば「言語に表れないもの」をくみとることについては不十分
である。その意味で本研究は言語的に構築されたものであり，それゆえの問
題点は必ず生じる。問題点の代表として，まず場合によっては出所の不確か
な「証言」をもとに事実を構成することが挙げられる。この点については，
インタビューデータをすべて録音し，書き起こすことによって，聞き取り側
の記憶のバイアスやニュアンスの変換が行われないようにした。

　次に，帰納的なデータを研究者の解釈によって理論化する場合のバイアス
については，ジオイアのデータ構造図などが簡潔に理論とデータのリンケー
ジを示す手法として存在する。本書では，敢えてテキストデータはつど本文
に埋め込んだ。その方が一つの連続したストーリーとして事例を把握しやす
く，どのようなデータから理論を導いたのかが事例の流れに沿って理解しや
すいと考えたからである。また，調査対象者のチェックを経たうえで妥当性
を検証している。研究者の解釈が事例を説明するにおいて妥当であるかの確
認を調査対象者から貰っているとも換言できる。これによって，調査対象者
にとって「事実でない」ことが研究者によって綴られるという危険性を回避
している。

　加えて，制度ロジックの研究では，研究者自身も制度ロジックを前提とし
た分析を行うことが求められる（Thornton et al., 2012）。つまり，研究者側は
脱制度（institution-free）化された存在として「特権的に」解釈するのではな
く，制度ロジックという解釈枠組みを理解したうえで事象を解釈することを
試みる。そのように研究者が解釈するうえでの理論的前提は，以下のような
ものである。本研究は科学ロジックと事業ロジックがうみだす制度ロジック
多元性ならびに制度複雑性に，それぞれの組織がどのように対応するかとい
う研究課題に基づいて事例研究を行う。理念型としての制度ロジックは本章
の図表2-1に示した通りである。選定された事例はいずれもイノベーション
の創出を企図した組織間連携を伴う協働事例であり，科学と事業の関係が協
働において中心的な課題となる事例であった。

　また本研究では，制度複雑性の「動的モデル」を採用する。すなわち，制
度ロジック多元性によるコンフリクトは恒常的に生じるわけではない。特に

組織間連携においては，元々単一の組織として活動しているときには，必ずしもコンフリクトは生じない。しかし連携を模索するにあたって，依拠する制度ロジックが異なる他の組織と協働することによって，一時的に制度複雑性が生じる。これに対処すべく，それぞれの組織は対応を試みるのである。こうした理論的な前提をもったうえで，データの分析を行っている。なお，第5章は科学と事業の関係を考察するためにイノベーションモデルについて深耕することが目的であり，直接的に制度複雑性を論じた研究ではない。

　固有名詞の表記について，それぞれの事例はすべて匿名化されている。各章での呼称は，敢えて「通し番号」にはしていない。たとえば，第4章における Y 社と第5章における Y 社は別の組織を指している。各章ごとの主体の違いを表現するために通し番号（X1，X2 など）にすることは，かえって複雑化し誤読を招くと考えたからである。但し，すべての章を通して，科学ロジックの影響を強く受けている組織を X 社／大学，事業ロジックの影響を強く受けている組織を Y 社と表記するようにした。なお，記述の文体の問題から，第6章のみ一部ではアルファベットではない匿名化を行っている。各章の調査対象と，データソースについては以下の通りである。

【第3章】
　第3章の対象事例は，X 社と Y 社の間に行われた協働 R&D プロジェクトである。両社ともに多様な事業を営む多角的な経営をしており，敢えて分類するのであれば IT 企業に区分される。本事例は X 社の科学知識を Y 社に移転し，Y 社において事業活用することをめざしたプロジェクトとして開始された。プロジェクトに際して，X 社・Y 社および両者の仲介を行った Z 社のメンバー計15名に対して，2009 年から 2010 年の間に直接インタビュー18 件を行った。X 社は科学ロジックの影響を強く受ける企業研究所であり，Y 社は事業ロジックを最優先する企業である。但し，Y 社のプロジェクトメンバーの一部は企業内研究所所属となっている。インタビュイーの内訳は，X 社の経営陣3名およびプロジェクトメンバー3名，Y 社の研究員8名，Z 社の社員1名である。なお，直接インタビューは，日本語と英語の両方で行われたため，一部のデータは翻訳を伴って記述されている。また，25 回の

会議およびワークショップについての参与観察データも収集した。参与観察に際してはフィールドノートを記述し，文書データとして分析に用いた。最後に，プロジェクトに関して提供された社内資料を用い，データソースのトライアンギュレーションを試みている。

　なおこのデータを収集したのは筆者以外の人物（椙山泰生氏）である。データを改めて解釈するために収集した人物とディスカッションを行い，文脈の把握に努めた。研究者が直接観測していないデータを扱うという点については，むしろ複数人による解釈を重ねることで研究の妥当性を高めるという考え方もあり，手続き上は問題ないと考える。

【第4章】
　第4章の対象事例は，X大学医学研究科と製薬企業Y社の間に行われた産学連携プロジェクトである。国からの支援を受けながら，X大学での研究の知見をY社の事業に活かすべく協働が開始された。インタビューの内訳は次のようになっている。X大学関係者2名に対して3件を行い（2017年8月24日，2018年4月24日，7月5日），Y社関係者4名に対して2件を行った（2018年5月25日，8月29日）。なお，5件のうち4件は筆者以外の人物（椙山泰生氏）と共同で行ったインタビューである。

　インタビューデータの他にも，二次資料や刊行物，プレゼンテーション資料などの提供を受けており，それらはインタビューとの整合性や事例の事実関係の整理のために用いられた。

【第5章】
　第5章の対象事例は，X大学と製薬企業Y社の間に行われた産学連携プロジェクトである。なお，本章の事例記述には含めていない対象として，同じくX大学が参画しZ社と協働した別の産学連携プロジェクトにも同様のインタビュー調査を行っている。インタビューの内訳は，X大学関係者については，6名について7件を行った。Y社については4名に2件，Z社については5名に2件を行った。本事例のインタビューも，1件を除いて筆者以外の人物（椙山泰生氏）と共同で行ったインタビューである。

またインタビューデータの他にも，プロジェクトに関連する二次資料や刊行物，プレゼンテーション資料などの提供を受け，それらはインタビューとの整合性や事例の事実関係の整理のために用いられた。

【第 6 章】

第 6 章の対象事例は，X 大学とベンチャー企業 Y 社の間に行われた共同研究プロジェクトである。Y 社が自社事業の展開のために投資家を探索する過程で，大学系ベンチャーキャピタルの Z 社から投資を受けたいと考えたことから，協働が模索され，最終的に X 大学の建築学研究者との協働が決定した。本事例では調査をするにあたり，以下の 5 種類のデータを収集した。

①プロジェクトを立ち上げる前段階や Y 社と協働する研究者を探索していた段階における，関係者のメールや Messenger でのやりとり（メール 56 件，Messenger 4 件）。これは，テキスト化された形で筆者に共有され，プロジェクトの経緯を把握するために用いられた。なお，本事例研究における筆者の共同研究者 1 名がプロジェクトの初期から，特に Y 社と協働する研究者の探索に主体的に参画していたという経緯から，共同研究者自身が差出人／受取人になっているやりとりも多数含まれる。

②プロジェクトに関する会議への参与観察データ（4 件，323 分）。筆者の共同研究者 1 名が会議への参与観察を行い，発言の録音データおよびフィールドノートを記録した。4 件の会議は，Y 社の代表取締役のサトウ氏（以下すべて仮名），研究者のスズキ氏，Z 社担当者のタナカ氏，共同研究者 1 名の最大 4 名の参加者で行われた。なお匿名化のため年号は記号化している。事例の記述は a 年から始まり，年表記を a〜d 年としている（a ＜ b ＜ c ＜ d）。また参与観察データに関しては，参与観察を行った共同研究者以外の，本書の筆者を含む共著者とのディスカッションを通して，共著者間での理解をすり合わせ，バイアスを軽減することに努めた。データリストは以下の通りである。

b 年 10 月 18 日，サトウ・スズキ・タナカの 3 名，96 分。
11 月 22 日，サトウ・スズキ氏，70 分。

　12月14日，上記3名，84分。

c年1月17日サトウ・スズキ氏，73分。

　③直接インタビューデータ（7件・延べ8名，595分）。インタビューはすべて非構造化あるいは半構造化されたインタビューとして実施し，調査メモを作成したうえで書き起こしを行った。データリストは以下の通りである。

b年3月24日，サトウ氏，100分。

　8月7日，サトウ氏，105分。

　10月2日，スズキ氏，60分。

　12月1日，サトウ氏，75分。

c年3月4日サトウ氏，80分。

d年2月7日，Z社関係者2名，105分。

　9月29日スズキ氏，70分。

　④講演の録音データ（2件，240分）。これは，Y社代表取締役のサトウ氏が講演を行った際に，それを録音した講義録である。この講演ではY社設立の経緯や大学との共同研究の経緯が語られており，事実関係の整合性の確認や事例全体の過程を経時的に把握するために用いた。データリストは以下の通りである。

c年3月19日，サトウ氏，120分。

c年7月2日，サトウ氏，120分。

　⑤公刊物やウェブサイトにおけるニュースリリースなどの二次資料を，トライアンギュレーションのためのデータとして用いた。

第 3 章

制度ロジックの析出
——区分化戦略の失敗

> 「純粋経験における『純粋』とはそもそもなにを意味しているのだ
> ろうか。
> （中略）
> わたしたちにとって自明であるかにみえる意識的自我の統一性も，
> 単に見かけ上のものにすぎず，じっさいには感覚要素の諸関係に解
> 体せしめることのできるものである。」
>
> ——小林（2005, p. 64）

1 制度論における背景と問題意識

　本章からは，個別の事例研究を通じて，研究課題に答えていく。本章にお
ける大枠の研究課題は本書全体と一貫して，協働する組織が制度複雑性にど
のように対応するかである。まず本節では，研究課題に関して制度論におい
て何が問題となってきたか，改めて理論的な課題を確認していく。

　組織は根源的に制度ロジック多元性に晒される。イノベーションをめざし，
科学と事業を融合しようとする組織（ら）はなおさらである。制度ロジック
多元性はときにマネジメントしきれないほどのコンフリクトを引き起こす，
つまり制度複雑性を招く。ただ，多元性がもたらすものは負の側面ばかりで
はない。制度ロジックの影響を受ける組織はコンフリクトに対応する必要が

あると同時に，制度ロジックそのものが，組織にとっては戦略的な資源として活用可能である（Durand et al., 2013）。制度ロジック多元性が普遍的に組織に負の影響をもたらすのだとしても，だとすれば余計に，それにうまく対応した組織は他の組織と比べて特別な利益を得られる可能性がある。そういった意味でも，制度複雑性は組織にとって成長や革新の契機となり得るのである。

こうした観点から，組織がいかに制度ロジック多元性に対応するのか，つまり「組織的対応」に関する研究が蓄積されてきた。ただ第1章で詳説したように，組織的対応を扱った研究は多数あるいっぽうで，特定の事例を説明するためのパターンの提示にとどまる研究も多い。たとえば先行研究では，「区分化」を行ったうえで二つのロジックを複合・ブレンドする（Dalpiaz et al., 2016），それぞれの構成要素から合理的なものを選択的に結合する（Pache & Santos, 2013），多元性をおりなすロジックのうち，状況に応じて必要なものにスイッチする（McPherson & Sauder, 2013）などさまざまなパターンが提示されている。それぞれ独自の創造性をもつ対応であるとはいえるものの，統合するフレークワークに欠けるともいえる。ただ，帰結として，いずれの場合においても複数の制度ロジックが競合する中で結果的には新しくドミナントな制度ロジックが構築され，それによって競合状態が解消されると整理されている（Lounsbury, 2007; Marquis & Lounsbury, 2007）。つまり，既存研究では，多元な制度ロジックの影響下において組織がいかに多元性を削減し，新たにドミナントな制度ロジックを形成するのかが主題となってきた（Souitaris, Zerbinati, & Liu, 2012）と換言できる。問題の根源は多元性にあるのだから，多元性を削減することがコンフリクト解消に繋がるという考え方である。

しかし多元性を削減することは問題も引き起こす。一つは第2章で説明したような，組織間連携を考慮していないという問題である。また，イノベーションの創出を志向する組織にとっては，制度ロジック多元性がもたらすコンフリクトがイノベーションの契機になるため，コンフリクトの軽減は組織におけるイノベーションの機会を毀損する危険性がある。イノベーションが多元性から創出されることをふまえれば，多元性はコンフリクトの元凶でも

あり，イノベーションの源泉でもあるという両面性を備えているのである。つまり，イノベーションを企図する組織間連携は，単一の組織で行うよりも複雑で創造的な対応が求められるといえるだろう。

　改めて，組織的対応に話を戻す。アドホックに個々の事例のパターンを示した研究が多い中で，Kraatz & Block（2008）など統合的に組織的対応を整理した研究もある。そういった研究が積み重ねられる中で，組織的対応の代表例として「ハイブリッド」概念が浸透しつつある。ハイブリッド概念をまとめた Battilana, Besharov, & Mitzinneck（2017）によると，ハイブリッドとは，両立し難いと思われる組織の要素を混合することであり，目新しい手段ではなく昔から存在するものであり，組織の生存のための有力な手段であるとすら考えられる。イメージは Pache & Santos（2013）の選択的結合に近いであろう。先述のような，新たな秩序を構築するという前提下での組織的対応だといえる。

　このハイブリッドはまた，2種に区別されている。それぞれ混合的ハイブリッド（blended hybrids）と構造的ハイブリッド（structural hybrids）である（Perkmann et al., 2018）。混合的ハイブリッドとは，一つの組織体の中で複雑性に対処することを意味し，ソーシャルベンチャーは混合的ハイブリッドの典型例として挙げられる（Perkmann et al., 2018; Tracey et al., 2011）。対して構造的ハイブリッドとは，物理的な空間を含め，異なる制度ごとに組織ユニットを切り離すことを意味する。混合によって生じるコンフリクトを避けるため，制度ロジックごとに組織ユニットを分けてしまうのである。Dalpiaz et al.（2016）が「区分化戦略（compartmentalizng strategy）」として示した戦略は，構造的ハイブリッドとほぼ同義である。ダルピアツらの研究では，ホームプロダクトブランドの Alessi 社が，商業性とアート性による制度複雑性を解消するために，組織ユニットを切り離す戦略を採用したことが紹介されている。区分化戦略やハイブリッドにおいては，特に組織構造に焦点が置かれる。これは同一組織内の構造を再編するのみならず，支社として切り離すといった方法も含む。事業活用志向と科学研究志向を切り離すために，研究所を本社とは遠隔地に設けるなどのマネジメントも，構造的ハイブリッドに分類される。

このように，同一の組織内で対処するのか，あるいは組織ユニットを切り離すのかという，地理的・空間的な視点を含めた組織構造が制度複雑性への対応において重要な論点となっている。本章で特に理論的な問題としてとりあげるのはこの「区分化戦略」である。なぜなら後述するように，区分化戦略はイノベーションマネジメントにおいて典型的とされてきた戦略でもあるからである。

区分化戦略

　区分化戦略という語彙は制度複雑性や制度ロジック多元性の文脈で提唱されたものであると同時に，イノベーションマネジメント論において考えられてきた組織構造を表現することにも成功している。たとえば本書の背景に基づけば，「中央研究所」は一種の区分化戦略である。地理的にも組織構造上も，本社機能と切り離すことによって高い独立性をもたせることを狙っていると捉えられるからである。この意味ではオープンイノベーションも区分化戦略のパターンとして捉えられる。知識創造と知識活用の担い手を，企業の境界という側面から区分化しているからである。

　区分化戦略を適用すると，たしかに，それぞれのドメインにおける制度ロジックの「純度」を高めることができる。ダルピアツらも，区分化戦略はマイナーな制度ロジックを「涵養」することができ，ドミナントな制度ロジックからの支配を受けないようにする効果があると論じている。中央研究所のような組織構造下では，研究所内では科学ロジックがより中心となり，その純度を高めていくだろう。マイナーな制度ロジックを毀損せず，組織のどこかで活かしていくという効果が期待されるとき，区分化戦略は有効な手段となる。オープンイノベーションの機運の高まりは，社内における研究開発機能の縮小が遠因となっている。自社としては事業活動に専念し科学的営為については外部組織の力を借りるという発想は，組織ごと区分して科学と事業を分担するという態勢であり，よりラディカルな区分化戦略であるといえるだろう。

　しかし，区分化戦略にも問題は生じ得る。そもそも論としては，区分化戦略はイノベーション創出の初段階において採用される組織構造にすぎない。

先述したように，組織が最終的にハイブリッドをめざすのであれば，区分化をしてもいつかはハイブリッドに向けてコンフリクトが顕在化する可能性が高い。要するに，初期的には構造を区分化しているにせよ，イノベーションプロセスが進行するにつれてイノベーションのための協働やコミュニケーションを通じてコンフリクトが生じるのならば，区分化戦略だけではコンフリクトに対応できないのである。ダルピアツらもまた，区分化戦略は最終的なブレンドのための初段階として位置付けているに過ぎないと述べている。つまり，区分化戦略を採るとしても，後段階において生じる制度複雑性には，別個に対応しなければならないのである。

　以上に述べたように，先行研究において区分化戦略は制度複雑性に対応できる有力な手段であることが示されつつも，その限界があることについては深く追究されてこなかった。そこで本章独自のマイナーな研究課題として，区分化戦略を採用した組織間連携について検討する。制度ロジックを区分化するという制度複雑性への対応は，どの程度まで有効なのであろうか。そこに潜在的な問題はないのかといったことについて，区分化戦略を採用した事例を通じて検討していく。

2　研究設定：協働を通じた科学知識の事業化

　本章で扱う事例は，協働 R&D プロジェクトである。つまり，R&D を担う組織ユニット同士が連携し，イノベーションを生み出すことをめざす有期プロジェクトである。この事例を扱うにおいて，まず協働 R&D という研究設定について，オープンイノベーションと知識移転の観点から詳しくみていこう。

　オープンイノベーションに関する先行研究では，知識の探索や活用には少なくないコストがかかることが指摘されている（真鍋・安本，2010）。この文脈でのコストは，まず技術や知識を扱う市場が不完全であることに起因すると考えられる。情報が完備されていないがゆえに，いわゆる取引コストをはじめとして，自組織に適した知識や連携先の探索や，選択された連携先との

交渉にコストがかかるのである。その解決策として，プラットフォームの提供やインテグレータなど，組織間の媒介・仲介機能を果たす企業の役割（Chesbrough & Appleyard, 2007）や，標準化の促進（新宅・江藤，2008）などが挙げられている。ただこれらの議論では，自組織に適合的な知識やパートナーをいかに発見してくるかという探索と選定，およびネットワークの構築に焦点が当たり，移転元（source）と受容者（recipient）との間でどのように移転や活用が行われるかというメカニズムには，比較的に関心が払われていない。

　また本書では，移転元が専ら科学知識の創造を主眼とする，つまり科学ロジックをドミナントにしており，また受容者はそれを事業に活用すべく事業ロジックをドミナントにすると前提を置いて，オープンイノベーションをめざす組織間連携について分析する。真鍋・安本（2010）が示したように，オープンイノベーションにはさまざまな類型がある。そしてそのいずれもが知識移転のフェーズを含んでいることからも，オープンイノベーションと知識移転には通ずる部分が多い。そこで本書では，科学と事業それぞれを担う主体，換言すれば知識移転（knowledge transfer）における移転元と受容者の間にはどういったコンフリクトが生じ得るかについて検討するため，知識移転に関する先行研究を簡単に洗っておこう。

知識移転

　知識を移転する能力は競争優位の源泉となり得るため，組織にとって重要である。古典的にはコストがかからないと想定されていた知識移転も，様々な促進・阻害要因の指摘によって，相応のコストがかかると捉え直された。移転が無コストではないという点は，オープンイノベーションの議論にも通じている。では，知識移転にコストを生じさせる要因とは何であろうか。ここで知識移転を阻害し得る要因，すなわち多くのコストがかかる要因や，移転を阻害する要因について整理しよう。

　まず，知識そのものの性質である。たとえば知識が暗黙的である，あいまいである，複雑であるといった場合，知識移転に負の影響を与える（Argote, McEvily & Reagans, 2003）。次に，移転に携わるプレイヤーとその関係である。

Cohen & Levinthal（1990）は，吸収能力（absorptive capacity）概念の提唱に伴って，関連領域における知識の蓄積がある場合に移転が促進されると主張した。受容者側の知識の多寡や関連領域に関する学習の蓄積が，知識移転がうまくいくかどうかを左右するのである。Lane & Lubatkin（1998）は，関連領域よりも，移転に関わるプレイヤー間の学習システムの類似性が移転を促進すると指摘した。端的には，プレイヤー同士が同質的であるほどに移転が促進されるというわけである。但し，知識が同質的であることは，移転そのもののモチベーションを下げる可能性があることも指摘されている。これはいうなれば同質性のジレンマであり，自社にとって親和的でなじみのある領域の知識ほど移転が促進されるいっぽうで，自社にとっての目新しさがないがゆえに移転のモチベーションが低下するのである。他にも，プレイヤーが置かれるネットワークの構造（e.g., Inkpen & Tsang, 2005）や，信頼や非公式のコミュニケーションなど，心理的側面に注目した研究（e.g., Colquitt & Rodell, 2011）もある。

　また，これらの研究は移転そのものへの関心が高いっぽうで，移転された知識をどのように事業に活用するのかという，受容者側における知識の活用にはあまり焦点を置いていない。知識の活用に関しては，吸収能力に関する文脈において関連研究が蓄積されている。たとえば，Zahra & George（2002）は吸収能力を潜在的吸収能力と顕在的吸収能力とに分類している。これは知識移転における移転に必要な能力と，活用に必要な能力とを峻別していると考えられる。ただこうした峻別はあるものの，これら二つの能力の間の関係や相互作用に関しては考察が乏しい（Volberda, Foss, & Lyles, 2010）。移転と活用では，知識の粘着性（stickiness）に違いがある（Szulanski, 2003）。スズランスキは，移転と活用では携わる人員や部門が異なる場合があることを理由として，モチベーションの欠如や，組織コンテクストが知識の活用の可否に影響を及ぼすことを指摘している。また，オープンイノベーションにおいては概念提唱者のチェスブロウが「ビジネスモデル」の重要性をたびたび指摘しており，活用においては「どのような形でビジネスになっていくか」という構想が共有されることが重要であると考えられる。

　こうした指摘に基づくと，まず移転と活用はそもそもプロセスとしての性

質の違いがあり，異なるマネジメントが適していることが確認できる。これは制度ロジックの観点からしても，同様であるといえよう。知識移転において関連領域の知識が必要なのであれば，移転に際しては科学ロジックの影響力が強まる。移転のためには関連領域に通暁したメンバーが関与する必要があるとすれば，そうしたメンバーは普段からも科学的営為に携わる人物であり，科学ロジックに依拠している可能性が高いからである。対して知識を活用する場面では，事業化や市場のニーズとの接合などを考慮するがゆえに，事業ロジックが強く働く。協働R&Dプロジェクトを知識の移転と活用という枠組みで捉えると，科学ロジックが強く働く移転元と，事業ロジックに従わざるを得ない受容者とが，潜在的な制度複雑性を意識しながら協働し，知識の移転と活用を達成するという構図がみえてくる。

　改めて，本章の研究課題と設定を確認しよう。協働R&Dプロジェクトというイノベーションをめざす組織間連携は，制度複雑性のマネジメントという観点からは区分化戦略を採用していると解釈できる。ここでは，科学ロジックが支配的である移転元と，事業ロジックに従う受容者とが協働し，知識の移転と，受容者側での事業活用をめざすというプロセスが存在する。このプロセスにおいて，区分化戦略がいかに機能したかという課題について，次節以降の事例分析から明らかにしていきたい。

3　事例：協働R&Dプロジェクト

　本節より，対象事例について記述する。本プロジェクトは，第三者であるZ社の仲介によって，Y社の経営陣にX社からのオファーがあったことを契機として実現した。X・Y社の経営陣による話し合いの結果，両社からメンバーを動員し，「プロジェクト活動を通してX社からY社への知識移転を行うこと」「その後，受容先のY社側で知識を用いた事業を立ち上げること」がプロジェクトの目的として決定し，プロジェクトが開始された。移転される知識はY社にとって非常に新奇性が高く，Y社にとっては今までにない事業上の価値の創出が期待されていた。また，インタビューでY社関係者

が次のように述べていたことからも，Y社においては事業ロジックが揺るがず主導的な原理であったことがわかる。

　「現時点では，Y社は事業を拡大する必要があります。研究部門は，この目標に向けて貢献しなければならない。」

　　　　　　　　　　　　　　　　　　　　　　　　　　　　　―Y社経営陣

　「研究者になったり，論文を出版したりするより，企業の事業に貢献したい。」

　　　　　　　　　　　　　　　　　　　　　　　―Y社プロジェクトメンバー

　こうした背景から，本プロジェクトはイノベーションを企図した協働R&Dプロジェクトであると解釈できる。また，プロジェクトに参加したX社のコアメンバーは，ほとんどが（企業内）研究所に所属しており，移転される知識は科学研究の成果として生み出されたものであった。つまり，科学と事業の関係を記述するうえでも，適した事例であるといえる。

　本章での研究課題を改めて確認すると，知識の移転と活用に注目しながら，区分化戦略を採った両組織が，その後どのようにイノベーション創出のために活動を進行させていくのかについて明らかにすることにある。研究課題の検討に際しては，特にプロジェクト内における「協働テーマの変遷」に注目した。協働テーマとは，当該プロジェクトがどのような事業を推進し実現しようとするかについて，短い言葉で表したものを指す。プロジェクトチームという（下位）組織は，特定の事業を行うために組織されている。そのため，どのような協働テーマを掲げるかが組織機能の中心にあることは明らかである。同時に，協働テーマを選定するうえでは，用いる知識の創造と移転において依拠される科学ロジックと，事業成果を重視するゆえの事業ロジックとによって，制度ロジック多元性が出現しやすい。よってプロジェクトにおいてはX・Y社それぞれが依拠する制度ロジックに従って協働テーマを選定するという仮定のもと，本章においては，プロジェクトにおいて中心となる制度ロジックが何であったのかを，選ばれた協働テーマから解釈する。

協働テーマの選定

　プロジェクトの構成メンバーは，X社側はほぼ全員が専任的に研究業務に従事する「研究者」であった。Y社側は「研究者」であったものの，事業に活用するための開発を行う業務に従事していた。X社から移転される知識は，質的かつ学術的な手法として知られる「エスノグラフィのノウハウ」であった。エスノグラフィは，参与観察などの代表的手法として有名である。本事例の文脈でのエスノグラフィとは，純粋な学術的手法ではなく，それをビジネスに適用したものである「ビジネス・エスノグラフィ」（see Boden, Müller, & Nett, 2011）を指す。しかし，学術的手法であれビジネス・エスノグラフィであれ，その方法論や思想においては科学的背景が色濃く影響している。すなわち，X社メンバーはいずれも，ビジネス・エスノグラフィに関する科学的知識を豊富に備えたエキスパートであった。また，エスノグラフィは属人的な面がつよく，粘着性が比較的高い知識であるため，プロジェクトメンバーは，移転のために直接的なコミュニケーションを重ねることが必要であった。

　本事例では，エスノグラフィに関する豊富な資源をもつX社からY社にノウハウを移転し，移転された知識をY社において何らかの事業，たとえばコンサルティングサービスやソフトウェアの開発と販売などに活用することがめざされていた。X社の強みであるエスノグラフィを移転すること自体はプロジェクトの実行以前から決定済みのうえで，そのエスノグラフィを用いる事業の「テーマ」を決める必要があり，X・Y社の経営陣およびプロジェクトメンバーによって，いくつかの候補から協働テーマが選定されていった。以下では，プロジェクトにおいて選定された協働テーマの変容と，その間X・Y社において科学ロジックと事業ロジックがどのように表れていたのかを記述する。プロジェクト中，テーマは大別して四つ出現していた。以下，時系列で協働テーマの選定と変移，およびY社において現れた二つのロジックおよびコンフリクトについて記述していく。

テーマ1：ホワイトカラーの生産性向上

　プロジェクトにおける最初の協働テーマは，Ｙ社の経営陣による会議を通して「ホワイトカラーの生産性向上」，すなわち，企業におけるホワイトカラーの業務の生産性を上げること，に選定された。これはＹ社の社内で用いることも想定されていたと同時に，「ホワイトカラーの業務の生産性を向上することのできる，ソフトウェアやパッケージを開発する」ことで，他社向けの製品とすることも想定されていた。このテーマが選ばれた理由は，下記に述べられたように，Ｙ社のメンバーの多くがかねてから同テーマに携わる業務に従事していたからである。

　　　「プロジェクトに参加した当時は，生産性の向上がキーワードとしてあった。」
　　　「（自身が携わる）昨年までの中心テーマは，情報の関係性を管理することで効率化をめざすこと。」

　　　　　　　　　　　　　　　　　　　　　　　　―Ｙ社プロジェクトメンバー

　つまり，プロジェクト以前からＹ社メンバーが関わっていた事業をプロジェクトにも反映させて，新たなプロジェクトの協働テーマとして経路依存的に採用したのである。プロジェクト開始直後のため，移転される知識に関する情報がＹ社にほとんどもたらされていなかったこともあって，最初に選ばれたテーマ1に対しては移転される知識の内容はあまり考慮されず，Ｙ社内部の事情をより色濃く反映したテーマとなった。なお，テーマ1が掲げられていた時期は非常に短く，プロジェクトはほとんど実働していなかったため，制度ロジックに関する記述はテーマ2と統合する。

テーマ2：プロポーザルライティングシステムの開発

　テーマ1が選定されたすぐ後に，テーマの変更が行われた。「プロポーザルライティングシステム」をつくり，ソリューションビジネスとして他社に提供する事業が提案され，同テーマを協働テーマとしてプロジェクトを進め

るよう変更されたのである。

　この変化は，Ｘ社とＹ社の経営陣による会議を通してもたらされた。両
社でブレインストーミングなどのアイデア出しを繰り返す中で，Ｙ社におけ
る戦略を鑑みて，テーマを変更したほうがよいと判断されたのである。変更
の理由は，Ｙ社がソリューションビジネスにより力を入れ，強みを持ちたい
と思っていること，Ｘ社から知識について説明を受けるうちに既存のテーマ
であるホワイトカラーの生産性向上よりもプロポーザルライティングシステ
ムのほうがＹ社の事業戦略に適していると判断されたこと，が挙げられる。

　プロジェクトメンバーにとっては，プロジェクトが実働を開始してすぐに
テーマが変更されたことになるものの，Ｙ社メンバーには比較的違和感なく
受け入れられ，テーマ２を中心としてプロジェクトが進められた。

　テーマ１・２は経営陣の意向で選定された協働テーマであり，下記に述べ
られたように，Ｙ社は経営陣・メンバー共に，プロジェクトに臨むにあたっ
て強い事業意識を持っていた。

　　「今Ｙ社は，事業を伸ばさなければならないということになっている。
　　研究所は，それに貢献しなければならないということになっている。」
　　　　　　　　　　　　　　　　　　　　　　　　　　　　—Ｙ社経営陣

　　「この分野の研究者になる，あるいは論文を発表していくというより
　　は，事業の役に立てていくという方向がモチベーション。」
　　　　　　　　　　　　　　　　　　　　　　　—Ｙ社プロジェクトメンバー

　テーマ１あるいはテーマ２が，事業としてＹ社にどういったインパクト
を生み出し得るかへの関心がテーマ選定に強く反映されており，下記のよう
に事業ロジックを強く意識した発言が，随所で繰り返し，数多くみられた。

　　「期間が限られている中で，結果をみえる形で示す必要がある。」
　　「事業部門に使ってもらえるように。」
　　「事業部門に還元していく。」

　　　　　　　　　　　　　　　　　　　—Y社プロジェクトメンバー

　また，テーマ1・2が選ばれた段階では，移転される知識に関する情報は，Y社内でも非常に乏しかった。そのため，移転される知識をどのように同テーマに用いるのかという具体性はあまり備わっておらず，Y社のメンバーに関しては，移転された知識について「論文を発表する」「学会で承認される」など，研究者としての科学ロジックの影響を表す発言もみられなかった。対して，知識の移転元であるX社側では，下記のように科学ロジックの影響が強くみられた。

　　「『コンテキスト認識コンピューティング』の手がかりを探すためにエスノグラフィをやっており，これは独自で新奇な科学的貢献になると思っている。」
　　　　　　　　　　　　　　　　　　　—X社プロジェクトメンバー

　このように，研究を通してどういった科学的・学術的貢献を成すかがメンバーの興味の中心であり，プロジェクトにおいても事業化が最優先課題ではなく，あくまで「研究者として科学的な知識を伝達していく」という姿勢が強いことが見受けられた。
　移転する知識をめぐって，このような認識の差がある状態でプロジェクトが開始したことで，プロジェクトの序盤では，下記に述べられたように，X社とY社の間で少なくないコンフリクトが発生していた。

　　「(エスノグラフィが) 我々にとって初めてのことなので，何がおもしろい結果なのかわかっていない。」
　　「チームとしても，どのように進めていくのかがわからないで戸惑っていて，議論するのに時間を使っている。努力が必要なところだと考えている。」
　　「エスノグラフィが，自分にとって新しいので，正しい方向に進んでいるかどうかわからない。」

「こちら側としてはエスノグラフィをどう使えるかがわかってないの
　で，（どうしたいかという質問に）答えられない。未知の領域でどうした
　いのかと聞かれてもわからない。」

　　　　　　　　　　　　　　　　　　　　　　—Y社プロジェクトメンバー

　このように，Y社のメンバーは，率直にエスノグラフィの「わかりづらさ」
を訴えていた。この原因は，エスノグラフィが暗黙的な知識であること以上
に，「事業に活用する」という目的を念頭に置いていたがゆえに，知識その
ものの性質に，つど疑念を抱くという状況が生じていたからであった。X社
メンバーは，あくまでも学術的な価値を主眼に置いて知識を伝えようとする。
ところがY社メンバーは事業のことが頭にあるがゆえに，知識の新しさに
苦戦するのみならず，事業活用との接合を常に気にするという状態に陥って
いた。「おもしろい結果」「どのように進めていく」「正しい方向」「どう使え
るか」といった表現はすべて，事業として大きな成果を生み出すうえでの，
という意味が含まれていた。

　こうした知識に関する情報の乏しさと事業活用への意識の強さに起因する
つまずきから，プロジェクト全体での知識移転が滞るという問題が発生して
いた。本プロジェクトではあくまで移転された知識を用いたうえで，テーマ
に沿って事業を進めていく必要があったため，知識の移転が進まないことは
Y社にとって大きな問題であった。

　テーマ2の設定後，プロジェクトが進行する中で，X社とY社間でコン
フリクトが発生していた。このコンフリクトは，科学ロジックが強く影響す
るX社と，あくまでも事業ロジックが中心であるY社との間に生じたコン
フリクトであるという意味で，制度複雑性の発生であると解釈できる。また
本プロジェクトでは科学的知識の提供者（X社）と事業に活用する受容者（Y
社）という「分業」が明確に行われている。目的をある程度共有しながらも，
役割が明確に異なるプレイヤー同士が協働を行った際に，依拠する制度ロジ
ックが異なるがゆえにコンフリクトが生じたという経緯からも，本章の対象
事例として適切であることがわかる。

テーマ3：エスノグラフィのスキルを広めていく

　テーマ2で述べたように移転が難航したことに危機感を覚えたＹ社メンバーは，Ｘ社メンバーと積極的にコミュニケーションを図り，研究者としてのＸ社メンバーを理解することで移転を促進しようと試みた。結果として，コンフリクトは解消され，知識の移転は着実に進行した。

　　　「研究者やディスカッションする相手としては，彼ら（Ｘ社社員）と
　　　やるのはストレスがなくハッピー。（中略）そういう研究者としてのコ
　　　ミュニケーションを経験できるのはポジティブな影響だと考えている。」
　　　　　　　　　　　　　　　　　　　　　　―Ｙ社プロジェクトメンバー

　上記のように，「研究者」としてのＸ社メンバーを理解し，「研究者」としてコミュニケーションをとることで，両者のコンフリクトは解消され，知識の移転は促進された。研究者としての特性とは，エスノグラフィに対する考え方，具体的には「明確に目的を設定せず，発散的な視点で観察を行う」「科学的な価値を認め，理解していく」などの行為として表現された。つまり，Ｙ社メンバーは知識の移転を進めるために，いかに事業に活用するかという問題を「カッコに入れて」，研究者として，研究者であるＸ社メンバーとコミュニケーションを図ろうと考えたのである。この思考の転換は移転には好影響となり，Ｙ社メンバーは知識の移転が着実に進んでいるという実感を得ることができていた。

　また結果として，下記のような意見がＹ社メンバーより集まり，エスノグラフィという知識をより色濃く反映させた新しい協働テーマ3が設定されたのである。

　　　「エスノグラファーのスキルを広めていくというのが（テーマとして）
　　　出てきた。」
　　　「Ｙ社の内部で，エスノグラフィをやっている人だと考えられている
　　　ほうがよい。」

「エスノグラフィをＹ社の中で中核的にやっていくグループのような
ものを（将来の構想として）考えている。」

―Ｙ社プロジェクトメンバー

　つまり，移転が進行するにつれ「エスノグラフィのスキルを広めていく」
という三つ目のテーマが出現し，テーマ２と共存することとなった。ここで
プロジェクトは，二つのテーマを併存して掲げた状態で進行することとなっ
たのである。
　テーマ３が生まれた経緯について，Ｙ社メンバーが知識を移転すべくＸ
社からエスノグラフィのスキルを着実に吸収しつつある中で，Ｙ社メンバー
は次のように述べた。

　「スタート前に思っていた問題点として，情報共有に苦労していると
いう問題が出てくると思っていたが，（エスノグラフィ手法を伴った）イ
ンタビューをする限りでは，それを最優先にしている人たちがあまりい
なかった。」
　「（エスノグラフィによって）組織的に大きなインパクトを残すことがで
きるのではないかと考えるようになっていった。」

―Ｙ社プロジェクトメンバー

　このように，エスノグラフィの手法を社内で活用したところ，プロジェク
ト以前の仮説とは異なった結果が得られた経験から，Ｙ社メンバーはエスノ
グラフィの価値をより信頼するようになっていった。そして，テーマ２より
も大きな事業的成功をめざすためには，エスノグラフィを社内に広め活用し
ていくべきでないか，という構想が持ち上がったのである。Ｙ社メンバーの
考えを背景に生まれたテーマ３は，テーマ２と共存するかたちでＹ社メン
バーおよびＹ社内に共有されていった。また，Ｙ社メンバーはＸ社メンバー
から知識を吸収するために，考え方などについてＸ社メンバーと同質化す
ることを選択した。
　以上の経緯は，Ｙ社メンバーが科学ロジックを重視し，優先度を高め，活

動の中心的な部分に影響させた，と解釈するに妥当である。知識を十全に移
転するためには，科学ロジックに強く依拠するX社メンバーと同質化し，
科学ロジックを自身も理解し参照していく必要があった。その結果，Y社メ
ンバー内で科学ロジックの中心度が高まっていき，科学ロジックを色濃く反
映した協働テーマが新しく出現したのである。

　他方で，Y社メンバーは単に事業ロジックから科学ロジックへとスイッチ
したのではなく，事業活用への意識は，下記のように継続して強く持たれた
ままであった。

　　「彼ら（Y社メンバー）がエスノグラフィをする研究者になろうと考え
　　ていないのはわかっている。」
　　　　　　　　　　　　　　　　　　　　　　　　　　—X社プロジェクトメンバー

　X社メンバーからすれば，Y社メンバーが積極的にエスノグラフィの学術
的な価値を理解し，コミュニケーションが活発化し互いに好意的になってい
ることも実感できていた。しかし，Y社においては科学ロジックが中心度を
高めていきながらも，移転された知識を事業にどう活用するかという視点は，
一貫して保たれていた。それゆえに，「Y社のメンバーが熱心に吸収してい
ることはわかるが，彼らはエスノグラフィの研究者になろうとしているので
はない」という発言が出たのである。そもそもテーマ3が生まれた動機の一
つに「組織的に大きなインパクトを残すことができるのではないかと考える
ようになっていった」という考えがあったように，科学ロジックを背景とし
たテーマ3は，事業ロジックと対立的あるいは無関係に生じたものではなく，
むしろ事業ロジックが揺るがぬ中心であるがゆえに，Y社メンバーの間に生
じたものであると解釈できる。

テーマ4：ヘルスケア事業での活用

　テーマ2・3が併存しながら，プロジェクトは進行した。ところが，プロ
ジェクトメンバーから中間的な報告の機会を受けたY社の経営陣の下記の
ような意向によって，テーマが変更されることとなった。

> 「エスノグラフィをＹ社が学ぶという意味では評価はされたが，研究
> は直接事業貢献がないのではという評価があり（後略）。」
>
> ——Ｙ社経営陣

　テーマ３はプロジェクトメンバーから提起されたものであった。なお，中
間報告においては，Ｘ社メンバーも出席し，Ｙ社経営陣に対してプレゼンテー
ションを行った。ところが，テーマ３では事業的な貢献が乏しいであろうと
いう経営陣の判断を受け，一度既存のテーマを棄却したうえで，知識の活用
先として新しい出口を探索することとなった。社内において，よりピンポイ
ントにエスノグラフィが事業活用できそうな分野を探すことになったのであ
る。
　Ｙ社メンバーが社内で出口を探した結果，「ヘルスケア事業部」に興味を
示してもらうことができたため，新しいテーマとして「ヘルスケア事業での
活用」を設定し，ヘルスケア事業部で知識を活用することがめざされた。し
かし，ヘルスケア事業部でも，知識をすぐに事業に活かせる機会が見当たら
なかったため，時間や予算を直接の理由として事業への活用は頓挫し，結局
知識は事業に活用されないまま，プロジェクトは終了してしまった。直接的
に変更を指示した経営陣は，次のように述べた。

> 　「それ（エスノグラフィ）をいつビジネスにできるのかが問題とされて
> いた。そこで，Ｙ社の今のビジネスからみると，近いタイミングでお金
> になるというものではなかったので（後略）。」
> 　「Ｙ社側としては，今のビジネスにはフィットはなかったということ
> で，Ｘ社内部にもそのように説明している。」
>
> ——Ｙ社経営陣

　このように，エスノグラフィを，近い未来において自社内の事業に活用で
きる見通しが立たなかったことが，テーマ２・３を棄却する主な理由とされ
ていた。他方で，テーマ３で述べたように，Ｙ社メンバーは事業ロジックが
中心的であることには変わりがなく，一貫して事業意識を持ち続けていた。

このようにY社メンバーはテーマの変更を余儀なくされる中で知識の使途を探し，結局事業に活用されることはなかった。いっぽうで，研究者としては一定の成果を得ていたことが下記のように確認できた。

> 「アウトプットとして，一緒に作成した論文を発表することになっていて，外向けの成果としては残るものができた。」
> 「研究チームでは，有力な方法論を学んだと思っている。」
> —Y社プロジェクトメンバー

　このように，知識そのものは無事移転され，論文という明示的な研究成果も得ることができた。暗黙的な知識を吸収するためにはより専門的な素養が必要となり得る。知識の吸収と移転に成功したY社メンバーは，テーマ3で述べたように，プロジェクト当初よりも科学ロジックをより強く参照するように変化していた。

　しかしテーマ4への変更には，結果としてかなり強固な事業ロジックが働いていた。Y社の経営陣がテーマ2・3を棄却した背景には，「それ（エスノグラフィ）をいつビジネスにできるのかが問題とされていた」「Y社の今のビジネスからみると，近いタイミングでお金になるというものではなかった」と述べられたように，事業として（すぐに）役に立たないのであれば，継続する意味がないという，事業を意識した論理によってテーマが変更された。科学ロジックを背景とした知識の科学的意義は是認しつつも，事業ロジックをより優先することによって，科学ロジックとの間にコンフリクトが生じ，結果として科学ロジックを色濃く反映したテーマ3を棄却したのであった。

4　理論的考察：制度ロジックの析出

　本節では，発見事実に関する理論的解釈を行う。先に，本事例の帰結を左右し得る代替仮説，特に外部要因について触れておこう。観測期間内において，景気が急速に変動するであるとか，競合に大きな動きがあったために戦

略の変更を余儀なくされるなど，産業や業界レベルでの企業への影響は無視できる程度であった。そのため，プロジェクトの成否や打ち切りの意思決定に，組織外からの影響はなかったと考えられる。

　本事例において，X社は「Y社の要望通り」科学ロジックの中心性を維持し続けた。X社はあくまで，エスノグラフィという科学的知識の専門家として，知識をY社に伝えることが目的だったからである。かつ，Y社は経営陣もプロジェクトメンバーも，一貫して事業ロジックを最優先してプロジェクトに臨んでいた。このような意味で，当初企図していた区分化戦略は，プロジェクトを通じて機能していたのだといえる。

　Y社に作用する事業ロジックは，プロジェクトに直接携わるメンバーと経営陣とで多少の差異はあったものの，両者共に一貫して，事業ロジックが中心的に機能していた。しかし，テーマ3の出現の前後から特にメンバー間で科学ロジックがより影響をもつようになった。このような科学ロジックの影響からテーマ3が新たにテーマとして浮上したことで，結果として科学ロジックと事業ロジックとの間にコンフリクトが生じ，事業ロジックを強く意識していた経営陣によって，科学ロジックの影響を受けたテーマ3は否定され，プロジェクト自体が頓挫するという帰結に至ってしまった。

　本事例では，区分化戦略が理想通りに実行され，X社とY社での制度ロジックの「棲み分け」がなされた。そして，Y社においては科学ロジックの影響が強まった時期はあったものの，一貫して事業ロジックが優先されていた。であるにも関わらず，なぜ，事業ロジックの主導にもかかわらず科学ロジックが台頭し，テーマの共存というかたちで制度ロジック多元性が出現し，コンフリクトが生じ，経営陣からの否定を受けたのだろうか。このような本事例のプロセスを説明できるメカニズムを，以下において考察する。

　まず特筆すべきは，「サブの制度ロジック」としての科学ロジックの出現は，あくまでも事業ロジックの推進によって生じたということである。前節でも示した通り，Y社では当初からプロジェクトメンバー・経営陣共に事業ロジックが強固に意識されていた。事業ロジックが強く作用する状況下では，組織は事業的成功を最たるミッションとする。但し，本事例における事業とは，あくまでも科学知識を用いることが定義に含まれており，それはY社にと

っても当然視されている前提であった。すなわち，事業ロジックに忠実に従って事業を行うためにこそ，科学知識を移転し，活用する必要があったのである。

　かつ，その知識は Y 社にとって馴染みがなく非常に新奇であったため，事業化を実行するまでに，知識を理解し移転するフェーズを挟む必要があった。当該知識は暗黙性が高いため，移転は移転者間での綿密なコミュニケーションを伴うものであった。つまり，知識の性質が，メンバー間でのより密接なコミュニケーションを必要とし，コミュニケーションコストを増大させていたのである。そして，科学ロジックの影響から研究者としての特性が強く前面に出ていた X 社メンバーと良質なコミュニケーションをとり，知識を移転させるためには，彼らが依拠する科学ロジックを理解し，実践に組み込んでいく必要があった。そのために Y 社メンバーは，それまでしてこなかった「エスノグラフィの学術的価値に目を向けてみる」「研究上のおもしろさを評価してみる」といったことを実行したのである。すなわち，Y 社メンバーは事業ロジックのミッションを遂行し，事業ロジックの視点から正統的であるために，科学ロジックを自身の実践に強く反映させたのである。

　ここで注意すべきは，制度ロジック多元性をなす二つのロジックは必ずしも二項対立として生じるものではないことである。第 1 章で述べたように，制度ロジック間の性質の差異は，たとえば専門性と商業性などの形で対比的に描かれることが多い。しかし，制度ロジック多元性を構成する二つの制度ロジックは，全く別の源泉から生じて，偶発的に組織間連携においてバッティングし，コンフリクトを生み出しているというわけではない。本事例のように，ある単一の制度ロジックを強化し，ミッションを推進していくために，不可避的に別の制度ロジックが影響を強めるということもあり得るのである。

　Y 社のように，事業ロジックという単一のロジックを中心として定め推進しても制度ロジック多元性が生じるのであれば，区分化戦略そのものが原理的に困難であるといえるであろう。すなわち，制度ロジック A と B がコンフリクトを引き起こすから，組織構造を分けて主体同士を遠ざけてしまおうとするのが区分化戦略である。しかし，上に述べたように A を推進するために不可避的に B が出現するのであれば，区分化が想定する純粋な「棲み

分け」は達成され難くなってしまうのである。つまり区分化戦略を採用したところで，事業化までのどこかのフェーズでは，制度ロジック多元性が出現することになる。特に，科学知識を優位性の源泉として活用する事業においては，事業ロジックが強固に単一性を保っているようにみえても，根源的に科学ロジックが事業ロジックに組み込まれているため，制度ロジック多元性が現れやすい。

　この現象を理解するために，「水溶液」のメタファーを用いよう。たとえば食塩水はみた目には一様であり，異物を含まない単一の物質のようにみえる。しかし，実は食塩水は食塩を溶かした「混合物」であり，複数の物質が混ざり合ったものである。このメタファーのように，制度ロジックは一見すると混じりけがなく単一のようでも，そもそも多元性を内在させた混合物として存在しているかもしれないのである。制度ロジック多元性は，必ずしも外圧から強制的にもたらされるものでもなければ，偶発的に起こるものでない。単一のようにみえる制度ロジックを推進するという行為の中に，実は制度ロジック多元性が内在している。これが，本事例が導いた新たな発見事実である。

　次なる論点は，とはいえ不可避的に制度ロジック多元性が生じるのだとしても，事業ロジックが強固である限り，制度複雑性は生じず，コンフリクトを回避できるのでないかという疑問である。たしかに本事例では，Y社において科学ロジックが出現し影響をもっていたことは確認できたものの，同時にY社における事業ロジックが強固であることは，X・Y社双方のインタビューから確認できた。つまり，制度ロジック多元性は出現していたとしても，その「主従」の関係は明瞭であるのだから，コンフリクトは生まないはずであると，理論的にも解釈できる。

　既に述べたように，ある制度ロジックは別の制度ロジックを「サブロジック」として自らに内在させている。しかし，サブの制度ロジックは通常時は顕現せず，ドミナントな制度ロジックの構成要素の一部として機能するにとどまっている。事業ロジックの構成要素として「新奇性のある科学知識を事業活用する」ことが含まれるとしても，その「科学」にフォーカスが当たることは平常時にはほとんどないと考えられる。本事例においても，科学ロジ

ックに依拠するX社メンバーと密接なコミュニケーションをとったことや，プロジェクトにおける知識移転のプロセスが進み，科学ロジックを理解する必要性がより増したことなどを背景として，サブである科学ロジックを反映させた協働テーマ3が，科学ロジックを「顕現化（instantiation）」したものとして表出した。これ自体は「単一の制度ロジックの推進から，制度ロジック多元性が生じた例」とはいえるものの，プロジェクトの進行を阻害するほどのコンフリクトは発生していない。

　理解を深めるために，言葉を変えて再度説明しよう。本プロジェクトは「X社から移転した科学知識を用いて，Y社で事業化を達成する」というミッションを掲げて始まった。しかし，プロジェクトの進行に従って，Y社側では事業のことばかり考えているのではなく，科学知識に対する理解を深耕しないと移転がなされないことが判明した。そのためY社のプロジェクトメンバーは，X社メンバーと意識して積極的に同質化するなど，科学への関与を強めた。事業ロジックを推進するために科学への関与を深め，自らの実践を変化させたことによって，事業ロジックに内在していた科学ロジックが，普段は顔を見せないにもかかわらず，顕現したのである。

　そしてコンフリクトが決定的に生じた原因として，経営陣の認知（ギャップ）に注目しよう。経営陣はプロジェクトを組閣するにおいて，区分化戦略を推進したいという意識があった。すなわち，「科学」のことは他社に任せておいて，自社のメンバーは事業化に専念すべきである，という方針を明確化し，Y社内で共有し，メンバーも初期段階から強く意識していた。にもかかわらず，Y社において科学ロジックを顕現化させた協働テーマ3が登場したため，「事業化に専念していないのでないか」という経営陣の認知が喚起された。そのため，科学ロジックの顕在化は事業ロジックの推進によって不可避的に導かれたにもかかわらず，経営陣による排除を招いたのである。

　ここで再び食塩水のメタファーを用いよう。固体を混合させた水溶液に対して圧力や熱を加えると，飽和量が変化し，溶けきれなくなった混合物が液体中に固体として現れる。この現象は「析出（deposition）」とよばれる。本事例ではこの析出現象を援用して，「制度ロジックの析出」とよぶべき現象が起こっていたと解釈する。制度ロジックの析出とは，「本来は構成要素の

一つとして，ある制度ロジックに内在している別の制度ロジックが，制度ロジックを参照する主体の行動の変化を受けて顕現化する現象」であると定義する。つまり本事例に即すると，事業ロジックを推進していたＹ社メンバーが，知識の移転のために行動を変化させ，それによって事業ロジックの構成要素であった「科学知識の，学術的な意義を理解していく」という一部分が顕在化し，周囲に認知されるようになったことを，制度ロジックの析出と表現できる。

　析出概念を用いて，本事例において実際にコンフリクトが生じたメカニズムをもう一度確認しよう。Ｙ社においては事業ロジックが最も中心になっており，推進されるべき制度ロジックであった。しかし，事業ロジックを推進する他方で，事業ロジックには科学ロジックが内在していた。そして，イノベーションプロセスを進行させるにおいて知識移転が必須であり，そのため知識を科学的に理解する必要性が増したこと，そして科学ロジックが色濃く現れるＸ社メンバーとのコミュニケーションが深められたことによって，科学ロジックの「析出」が生じたのである。

　このときの析出とは，協働テーマ３の出現によって観測される。そのテーマが，事業ロジックを強く念頭に置いていた経営陣から「事業性が低い」「事業以外のことを扱っている」，つまり事業ロジックに反する制度ロジックが顕現していると判断され，コンフリクトとして排除されたのである。たとえるならば，析出した溶液を「濾過」すれば，混合物は濾し取られ，排除されてしまう。析出は，中心的な制度ロジックを維持しようとする認知を契機として，制度複雑性の発生として認識され，排除を受ける危険性をはらむのである。

　なお結果的にではあるが，本事例では科学ロジックを異物として排除した，つまり協働テーマ３を棄却したにもかかわらず，結局知識の事業化はなされなかった。科学ロジックは，本事例では事業ロジックの一部分として機能するはずであったので，科学ロジックを否定してしまっては，事業ロジックのミッションも果たされないからであると考えられる。

　図表3-1は，本書が提示する制度ロジックの析出と排除を概念的に表した図であり，参考として添えておく。主導的な制度ロジックに内在する一部分

図表3-1　水溶液のメタファーを用いた「析出」のイメージ

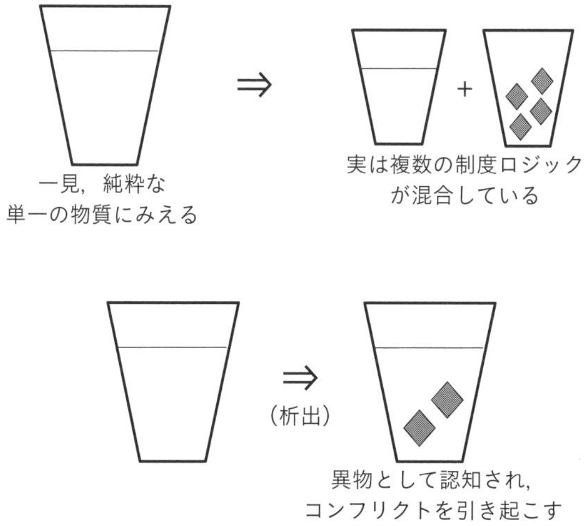

一見，純粋な
単一の物質にみえる

実は複数の制度ロジック
が混合している

（析出）

異物として認知され，
コンフリクトを引き起こす

出所）筆者作成

であったはずのサブの制度ロジックがしだいに顕在化し，主導的な制度ロジックとのコンフリクトを起こし排除されるという帰結は，見た目には過不足なく溶解しているはずの混合物が，バランスの変化によって析出し異物として排除される，「析出と濾過」現象であると，本事例の分析を通じて結論づける。

5　本章のまとめと課題

本章では，制度ロジック多元性がコンフリクトを引き起こすメカニズムについて，「析出」概念を用いて説明した。本章での研究課題は，「区分化戦略が結果としてどのような影響を組織に与えるのか」という問いであった。これに対し本章では，協働R&Dプロジェクト事例の質的分析を通して，制度ロジックの根源的な混合と析出現象が，事業ロジックを主導原理にする主体の認知ギャップによってコンフリクトを生じさせるというメカニズムを提示した。これは，単一なロジックに内在する制度ロジック多元性が，析出によ

ってコンフリクトを生じさせるメカニズムである。つまり，制度および制度ロジックは，根源的に混淆しているために，厳密には区分化できない可能性がある。それにも関わらず区分化を行った結果，「析出」が生じる。区分化によって「ピュアな制度ロジック」を担保したと考える経営陣にとっては，意図せざるコンフリクトが生じたことになるため，析出した制度ロジックの排除を行おうとする。結果として制度ロジック多元性は維持されず，イノベーションの失敗を招くのである。

　次に，本章の主張がなしえる理論的な貢献，制度論に対する示唆について述べよう。まず，制度ロジック研究に対する貢献である。過去の制度ロジック多元性に関する研究では，制度ロジック同士が対立していることを強調するあまり，制度ロジック同士が共通項などどういった関係をもつかについての検討は乏しかった。ある制度ロジックの中には他の制度ロジックが内在しており，単一のロジックの推進が多元性を生じさせる可能性があるという指摘は，既述のようにある程度の一般性をもつ事象であると考えられるいっぽうで，先行研究では指摘されてこなかったものであり，新規性がある。また制度ロジックの内在について議論するうえでは，基軸となる「ピュア」な制度セクター，あるいは制度ロジックについて検討する必要があるだろう。たとえば Thornton et al.（2012）は，フィールドレベルで基軸となる制度（ロジック）は七つが規定されており，組織単位における制度ロジックには，それらの基本となる「ピュアな」制度ロジックが混淆することでバリエーションが生じていると指摘している。この指摘に従うのであれば，そもそも組織に影響を及ぼす制度ロジックは，複数の制度ロジックが構成要素として混在した状況が生じやすいと考えられ，本章の主張は妥当性を増す。かつ，それにもかかわらず，制度ロジック研究においては個々の制度ロジックをラベリングする際に，制度ロジック同士が対立する構図を際立たせてしまっており，本章が指摘したような，複数の制度ロジックが内在的に混淆し，共通項をもつ可能性を看過してしまっている。

　また，先行研究では専ら，制度ロジック多元性および制度複雑性が生み出すコンフリクトは，相容れない異なった制度ロジック同士が組織に影響をもったうえで，組織の機能や方針との関係から生じるとされてきた。すなわち，

制度ロジックの「対立」によってコンフリクトがもたらされるという理解で
ある。しかし，本章において提示したメカニズムに則れば，ある制度ロジッ
クには異なった制度ロジックが内在しており，かつサブの制度ロジックは通
常は他の制度ロジックの一部分として機能し，コンフリクトを生じさせない。
そして，サブロジックが析出すると，異物として認識されコンフリクトが生
じる。このメカニズムを支持するのであれば，既存理論と比してコンフリク
トを生じさせる原理そのものが異なっていることになる。つまり，先行研究
が多く蓄積されている組織的対応の議論にも，再考の余地が生じるであろう。
　たとえば，コンフリクトが析出する条件下にあるならば，区分化戦略によ
るコンフリクトの回避は根本的に困難である。区分化戦略によっても，「純
然たる」制度ロジックの分離は困難である可能性が高く，また，区分化戦略
じたいが経営陣らの認知ギャップを誘発するものであるからである。制度ロ
ジック多元性は単一の制度ロジックに内在していることがあり，また析出の
可能性をはらんでいる。対立する制度ロジック同士が混ざるから問題なので
はなく，内在する制度ロジックが析出するからコンフリクトが生じるのだと
いう指摘は，本書がなす独自の主張であり，既存理論に対して新規性がある。
　ここで本書の考察を豊かにするために，ラトゥールの「純化」概念を援用
したい。なお本書ではラトゥールに関するレビューや論考を十分に行うこと
はできず，概念をカジュアルに間借りするような引用であることは否めない。
このような用法は学術的に好ましくはないとはいえ，研究の発展のために，
ラトゥールの論考についても触れておきたい。
　純化（purification）とはいかなる概念であろうか。久保（2019）によると，
ラトゥールは「近代社会は，『自然と社会』『主体と客体』『非人間と人間』
などの対句によって表される二つの領域に属するはずの諸要素を混ぜ合わせ
る翻訳（ないし媒介）のプロセスを通じて両者のどちらにも還元できない様々
なハイブリッドを増殖させてきた」（p. 168）と指摘する。すなわち現代では，
多種の対句表現に基づいてなにかを二分するという前提が広く共有している。
しかし，現実ではそれらがきれいに二分されているということはなく，翻訳
されることでさまざまに混ざり合ってハイブリッドとして生息している。ラ
トゥールはいわば建前としての純化と本音としての翻訳およびハイブリッド

を認めたうえで，その両者ともに是認することが重要だと考える。「科学と事業」もいうまでもなく対句表現であり，ラトゥールの論考が当てはまる。我々はとりあえずそれらを対置するものの，現実の実践はきれいに二分などされておらず，翻訳を通じてさまざまに混ざり合っている。それを知りながら本音と建前が存在することによって，実践は成立する。しかし，本事例におけるＹ社の経営陣の判断は，いわば純化を理論的な前提にとどめず，実践においても純化されていることを求めたことに起因しており，ゆえにプロジェクトは頓挫したのである。

　つまり純化とは，その活動を際立たせ先鋭化させるために，あえて対をなす存在を措定する作業を意味する。科学者が，自らの有為性を社会に示し，正統性を獲得し，資源を動員させるために，いかに科学が事業と比して特別であるかを主張する。そのために科学と事業を対置する。これが純化である。ところが実際のところその境界はあいまいで，科学と事業にははっきりと区別があるわけでも，ましてや常に相反する矛盾を抱えるわけでもない。「科学と事業を明示的に役割分担したはずなのに，事業側で科学っぽいことをしている」と批判することは，まさに純化の罠に自ら嵌っているといえよう。

　科学と事業とを純化することは，制度論からしても興味深い現象である。科学者が，自身の正統性やアイデンティティをアピールするために，科学という制度を参照する。それが建前に終始し，周囲やステークホルダーも了解してくれていればよいのだが，ときに純化は先鋭化し，あたかも現実がそうであるかのように思い込んでしまう。「科学の純粋性」や「事業との対置」など不必要であるにも関わらず，制度を自己強化するかのように，純化がエスカレートすると，制度複雑性への対処など不可能と化すだろう。区分化戦略は純化を前提とした組織の対応である。しかし，ラトゥールが指摘するような純化の欠点や翻訳との補完性を無視して純化が成立するとマネジメント層が認知したとき，意図せざる結果として区分化戦略は失敗に向かう。これが本章の事例分析から提示される，区分化戦略の失敗のメカニズムである。

主張の妥当性の検討

　本章の主張の妥当性について，いくつかの批判的検討を行う。まず，本章

で明らかになったメカニズムによって制度ロジック多元性が生じるのは非常に限られた条件設定に起因するのであって，特殊に過ぎるケースであり，別の条件設定によっては容易に回避できるのでないかという論点である。たしかに，事業ロジックを推進するすべての状況で科学ロジックが出現するわけではなく，本章での主張は事業ロジックに関して一般的に法則性を有するとはいえず，外的妥当性には疑問が残る。では，どういった状況下ではある制度ロジックに他の制度ロジックが内在する状況，あるいは析出現象が起きる状況が生じやすいのだろうか。

　たとえば，会計士や弁護士などの資格としての専門性や，本書が主題とする科学と事業の関係が興味の中核となる科学知識の事業活用，意匠や美術性を含むアート・デザインなど，ある種の事業では，専門知識が事業の優位性の源泉になる。こうした専門性を事業上の強みにしようとすればするほど，事業ロジックの中に専門性のロジックが内在することになり，専門性による制度ロジック多元性が出現する可能性は高まる。そして，制度ロジック多元性を避けるために専門ロジックを遠ざけると，専門性を源泉とする優位性を享受できないというジレンマが発生する。つまり，本章において提示されたような現象は，一見すれば単一のロジックを強固に維持している組織であっても，専門ロジックを内在させていればいずれ不可避的に導かれると考えられる。よって，企業の開放性（オープン度）といった条件に関わらず，上記のように専門性を事業上の優位性として認識している組織では，本章で提起されたメカニズムが起こり得る。留意すべき点は，析出した専門ロジックの排除は，事業ロジックのミッションである「事業的成功を導く」ことをも阻害し得ることである。事業ロジックのみを推進しようとする意識は，析出現象に対して認知ギャップを生み出し，結果的に事業ロジック上のミッションを阻害する可能性がある。

　また，本章における主張の代替仮説について，先行研究を基にして検討する。組織における主導的な制度ロジックが変化する要因として，組織におけるミッション（Thornton, Jones, & Kury, 2005）または資源依存パターンの変容（Pahnke, Katila, & Eisenhardt, 2015）およびパワー（権力）関係の変容（Besharov & Smith, 2014）がある。そうした要因の変化によって，本事例の帰結

が導かれたのかどうかについて検討する。

　本事例では「X社から知識を移転させ，Y社において協働テーマに沿って事業に活用し，事業的成果を挙げる」というミッションは一貫しており，Y社側におけるミッションの変容は観測できなかった。但し協働テーマは変遷しているので，これをミッションであると解釈するかどうかが論点となるだろう。資源依存パターンについては，たしかにミッション遂行のためにはX社にしか存在しない知識をY社に移転しないといけないため，両組織には知的資源の非対称性があり，Y社は科学への資源配分を高めていき，それに従って科学ロジックが明瞭に現れていったとは説明できる。しかし，科学ロジックが台頭しながらも，Y社ではあくまで事業ロジックが中心的であり，先行研究が提示するように資源依存のパターンを事業ロジックから科学ロジックに戦略的に変移させたわけではないため，先行研究の提示した説明は適合的ではない。プロジェクトに影響した権力について考察すると，結果的に科学ロジックの高まりを抑制したのは経営陣の判断によるものであった。本プロジェクトの予算や資源の配分を最終的に決定するのは経営陣であり，意思決定における権力は明らかに経営陣が強く有していた。しかし本事例では，メンバーが有していた権力が経営陣に移行したから科学ロジックが出現したのでも，制度ロジックが変容したのでもない。そもそも，本事例では権力の所在も配分も経営陣が強く有しているという点では一貫しており，権力そのものは変容していないと解される。そのため，権力の変容が制度ロジックの変容をもたらしたという説明も，本事例では成立しない。よって，上記に挙げたような先行研究から導ける代替仮説も，本事例においては適合的ではない。

　このように本章では，区分化戦略が失敗するメカニズムについて，制度ロジック多元性の内在，析出，純化といった概念を用いて説明してきた。しかし本章では，失敗するメカニズムに触れるのみであって，成功への道筋を描けてはいない。むしろ，本章において主張する条件下に限定してしまうと，区分化戦略は根本的に失敗を招くとしか考えられない。では，科学と事業の分業は，不可能なのであろうか。次章では，区分化戦略が「成功」した事例から，制度複雑性への対応パターンとしての道具的活用について検討する。

付録：ノンテクニカルサマリー

　この章では，イノベーション創出において科学的活動と事業化活動の担い手を区分しようとして失敗した「区分化戦略」の事例を取り上げています。科学と事業がその志向性の差ゆえに揉め事を招くのならば，そもそも区分して離してしまえばよいというのが区分化戦略の発想です。

　ただ，たしかに分離すればコンフリクトは起きないのですが，イノベーションを進めようとする限り，いずれ接触の機会は生じます。区分化戦略は分離した後のことをあまり考慮できていないのが弱点です。

　本章の題材となる協働R&Dプロジェクトでは，科学を尊重する傾向が強い企業研究所から知識を移転して，事業に活用しようとする企業が登場しました。企業側の経営陣は，相手は科学者かもしれないが，うちは事業のことを第一に考えてもらうというふうに組織間の分業を意識し，プロジェクトメンバーにも伝えていました。

　実際に知識の移転に携わったメンバーは，経営陣の指示通りに事業を強く意識して移転に臨むものの，うまくいきません。メンバーはその原因を，相手側の科学者としてのマインドセットやアイデンティティをこちらが理解できていないからでないか，と考えます。そこで，相手のマインドセットを理解するよう努めると，移転がうまく進んだという実感を得られるようになってきます。知識の理解も進んだところで，その知識の価値をより高めるようなテーマを設定し，経営陣に提案をします。

　ところがその後経営陣にプレゼンをすると，「事業のことが考えられていない」とダメだしされてしまいます。科学知識としては面白いのだろうけど，事業活用が意識できていない，と。結局，知識は移転されたものの，事業には使われないままプロジェクトは終了します。

　この区分化戦略の失敗は，そもそも「科学と事業」をきれいに区分できるという思い込みから始まっていると考えられます。食塩水は，みた目には真水のような単一の物質にみえます。しかし実際は水に混ぜ物がされた混合物です。純粋に事業に専念しようと思っても，思うからこそ，結局科学のことを考えないといけない。ところが，科学のことを考えると「事業に専念できていない」といわれてしまう。

　これは透明な食塩水から沈殿物がうまれる「析出」のようなもので，純粋になり得ないものの純度を求めることで生じる，認知上の不協和であるといえます。

第 **4** 章

第三のロジックの出現
——論理の道具的活用

> 「臨床の先生が産学連携やるというのは，自分の研究で薬を作りたいというのがあるんですよ。（中略）モチベーションはそこなんですよ。自分の研究成果で患者さんを助けたい。患者さんに役立つ薬を使いたい。企業も，患者さんを助ける薬を作って，そこで利益上げたい。大きなところではずれがないんですけども，そこに至るプロセスが違っている。」

——本章事例のインタビューより，企業研究者の発言

1 制度論における背景と問題意識

　本章での研究課題や問題意識は，第3章とも通じている。すなわち，制度複雑性への組織的対応について考察することが目的である。第3章のおさらいも兼ねて再掲すると，制度複雑性に組織がいかに対応するのかという研究は多数蓄積されてはいるものの，理論的なまとまりに欠ける研究も多い。そのうえで，ハイブリッドという混合をめざした組織的対応に注目し，組織がいかにハイブリッドを行うのかという視点から対応をパターン化するというまとめられ方が主流となっている。曰く，ハイブリッドには混合的ハイブリッドと構造的ハイブリッドがあり，区分化戦略は構造的ハイブリッドに分類される。しかし，その区分化戦略は「科学と事業に明確な境界を引く」とい

う点において潜在的な弱点を抱えており，第3章ではそれゆえに失敗した事例を示した。

　本章では，同様に，構造上は区分化された組織同士が，いかに協働を達成するかという観点から事例の検討を行う。そのための題材となるのが産学連携である。産学連携とは，ここでは大学（内の研究機関）と企業とが連携し，イノベーションの創出をめざすような営為を意味する。産学連携とはいわば，成立の構造自体が区分化に基づいているといえる。科学的営為を生業とする大学と，事業を営むことを目的とする企業とが連携するからである。これはもちろん，産学連携の困難さに直接的に繋がる要因でもある。

　第3章で扱った区分化戦略は，組織の構造に関する対応である。しかし，制度複雑性に直面する組織が採り得る対応は，構造に関するもの以外も存在する。たとえば，交渉過程における説得や正当化といった認知にかかわる対応である。イノベーションの創出に伴う資源動員や意思決定は，その不確実性ゆえに周囲の同意を得られるとは限らない。そのため，イノベーションを企図する行為主体は，活動を前進させるために積極的に周囲に働きかけ，自身の活動を正当化させる。これがイノベーション正当化論（武石・青島・軽部, 2012）である。イノベーション正当化論において前提とされるのは，コミュニケーションで用いられる修辞や言語が意思決定を左右するという点である。たとえば区分化戦略のように構造をマネジメントしただけでは不十分であるため，ステークホルダーの認知を操作することで資源の動員をめざすといったように，構造と認知の二元論に基づいて分類がなされ，特に後者の認知が重視される。本章ではその認知上の戦略について検討する。

理由と道具的活用

　武石らが注目するのは，結果的に資源動員をはたしたイノベーションの「理由」である。つまり，どういった理由が正当とみなされ，イノベーションのための資源を動員するために決定的なものとして作用したのかについて分析を行っている。この「理由」という表現の妙は，制度論に関しても当てはまりが良い。なぜなら，イノベーションを導く理由は，必ずしも「（経済）合理的ではない」からである。より正確に述べると，イノベーションは経済合

理性の充足，すなわち利潤を最たる目標として企図されるにもかかわらず，経済合理的な理由を事前に見出して意思決定することがイノベーション創出においては非常に困難であるため，他の理由を見出し，正当化することが必要となる。よって，正当化を試みる主体は，何らかの制度に依拠したさまざまな制度合理性を参照して交渉に用いる理由を見出し，交渉の過程で正当な理由が選ばれ，意思決定に寄与するのである。

　一例として武石らはセイコーエプソンのクォーツウォッチ「KINETIC」の事例を挙げている。この事例では，一度立ち消えたプロジェクトが環境負荷という理由を活用することで正当化された経緯が紹介されている。近年いわゆるシェアードバリューといった議論もあるものの，環境問題の解決に寄与することと，イノベーションの実現によって企業に利益がもたらされることとは直結しているとはいえない。このように，経済合理性の獲得をめざして行われるイノベーションが，経済合理性と関わりのない，あるいは矛盾すらするような理由を基にして実現していくという錯綜した関係を概念化するために，イノベーション正当化論および理由に注目する意義がある。

　また，制度ロジック研究において注目すべき概念が，第1章でも述べた道具的活用である。これはスウィードラーの「文化の道具箱」概念を援用したもので，自身の正統性獲得や制度複雑性への対処のために，あたかも制度ロジックを道具のように用いるというニュアンスを意味している。代表的な研究として McPherson & Sauder（2013）が挙げられ，このマクファーソンらの研究の舞台は「薬物裁判所」である。彼らは薬物裁判所の交渉過程における，法曹の論理の用い方に注目する。薬物裁判所では，犯罪を罰するという論理，更生を促すという論理，コミュニティの責任を問うという論理，経済合理性を含めた効率性を重視する論理の四つが影響をもっている。これらはそれぞれ高い合理性をもつと同時に，ときに矛盾する関係にもなる。薬物犯罪をおかした人物を，法に照らして厳重に罰しないといけないというのもそうであろうし，とはいえ更生に期待することも必要であろう。犯罪の発生には個人の資質のみならず生育環境や居住環境も強い影響をもち，特に若年層の犯罪ではコミュニティの責任も問われることとなる。裁判所とはいえコスト感覚を度外視できるわけではなく，できるだけ社会的コストのかからない

方法を探るなど資源制約をふまえたコスト意識も必要となる。

　このように，まさに制度ロジック多元性が存在し，ときに制度複雑性として顕在化する裁判所において，法曹らは基本的に本拠とする（home）ロジックがありながらも，時宜に応じて他のロジックを「ハイジャック」していたことをマクファーソンらは明らかにした。本拠とする制度ロジックがあったとしても，行為主体がそれに常に従うわけではない。この裁判はこう主張した方が被告人に有利であろうとか，時節柄こうまとめた方がよいのだろうといった打算を含めて，行為主体がロジックを道具のように活用するというのである。これはまさに行為主体が「制度ロジックの道具箱」から，自身の有利なように状況によって道具を使い分けていると解釈できる。これが道具的活用である。

　たしかにこのように理由と道具箱を使いこなすことができれば，制度複雑性への対応は容易になるだろう。制度複雑性とは複数の制度ロジックが影響をもっている状態であるのだから，道具箱としてはレパートリーが多彩であることをも意味する。時宜に応じて都合の良いロジックを持ち出し，自己正当化を行えば，制度複雑性を認知的にコントロールし，コンフリクトを抑制することができよう。但し，道具的活用が本当にできるなら，ではあるが。というのも，こうした制度ロジックを自在に操るといった構図は社会化過少的であり，一定の批判も存在している。代表的な批判が，第１章でも紹介したMutch（2018）である。マッチは「痕跡」という表現で，そのような制度ロジックのスイッチの可能性に疑問を呈している。たしかに，主体は常に制度に埋め込まれた存在である。常に特定の制度を参照していながらも，それを自覚していないことすらある。主体が背負う「歴史」の重みを無視して，制度ロジックを道具的に，自在に用いることができるとするのもまた，マッチの指摘するように欠陥のある理論であるといえよう。とはいえ，この「重み」もまた，状況によって異なるとしかいえないものでもある。マクファーソンらが題材とした裁判所は，元来「口が達者」な人々が多い場所でもある。道具的活用が行われやすく，また得意にもする主体が集うという意味でエクストリームな例ではあるといえる。

　それでも，主体はどこまで制度に対して自在であれるだろうか。ヴォロノ

フらが指摘し，本書でも前提とするように，制度複雑性は主体の中に内在的に発生する。外から与えられるでもなく，二枚舌を擁する主体が自身から複雑性にからめとられるのである。こうした観点から，本章ではよりマイナーな研究課題として，制度ロジックの道具的活用について検討する。結論を先取りすると，本章の事例では，科学と事業以外のロジックつまり「第三のロジック」を道具的に活用するという対応がみられた。これ自体も新規的な発見であると同時に，なぜそのような道具的活用が行われたのか，それは主体にどういった影響をもたらすのかといった観点から，事例の分析を行う。

2 　研究設定：産学連携

　第1節では，本章の理論的背景と課題について述べた。続く第2節では，本事例の研究設定について確認する。本章で扱う事例は産学連携プロジェクトであるため，「産学連携」について概観を述べることを中心としたい。大きな流れでみれば，産学連携はイノベーションのオープン化の潮流の一つに位置づけることができる。産学連携，つまり大学をはじめとする公的な性質の強い研究機関と企業組織とが連携するという活動そのものは昔から行われてきたものであり，別段の新規性があるわけではない。しかし，オープン化の流れにおいて大学の知識を積極的に事業化に繋げようとする「産学連携」については，次章で詳説するスタンフォード大学のモデルや TLO（技術移転オフィス）といった公式化された組織構造をはじめ，新しく構築された産学連携像が社会に浸透していったという背景がある。

　産学連携には社会的に多くの期待が寄せられていると同時に，産学連携がはらむ問題点への指摘も少なからずなされてきた。榊原（2000）は産学連携の特集号として発刊された『組織科学』第 34 巻 1 号の巻頭言において，次のように述べる。

　　　「よく大学は，教育と研究を二大課題とする組織であるといわれる。
　　大学は，（中略）新しい知識の生産をも担う機能をも併せ持っている。

そのような組織体が持つべき社会的意義は明白であり，この点は改めて議論する余地がないほどである。」(p. 2)

　榊原は，大学がただ単一の目的・機能をもつのでなく，多元な目的を有する組織であることを前提として，その知識創造機能が多分に社会性を帯びたものであることを指摘し，産学連携を通じて，大学が企業含む他組織の活動に寄与する可能性を示している。同時に，産学連携の問題，特に理想論が先行し，実践的な議論が乏しいことにも言及している。

　　「(特集号において留意された点は) 観念的な議論に終始することなく，経験的研究に基づく議論や，産学連携に実際に取り組んでいる『現場からの情報』を織り込んだ議論をとりあげるということである。この分野には政策的願望や『べき論』が多すぎるからである。」(p. 3)

　このように榊原は，産学連携においては理想論が先行し，実践への検討が不足していると喝破する。本書の約20年前に語られたことではありながら，現在では解消されたともいいづらい指摘である。産学連携なるものが標榜され推進される他方で，どこか白々しさを感じていたり，理想通りにうまくいっていないという懸念をもつ実務家や関係者も，少なくないであろう。ところで，この榊原のいう「べき論」とは何を意味するのであろうか。榊原の指摘するように，産学連携に対する社会の期待はときに実態とのギャップを抱えている。たとえば，日本総合研究所が経済産業省へのレポートとして2020年に発表した「大学発ベンチャー実態等調査」は，以下の文章から始まる[1]。

　　「我が国においていわゆるユニコーン企業となる可能性を秘めるベンチャー企業は，大学の研究シーズや研究成果を活用していることが多く，大学発ベンチャーの活躍は日本再興戦略2016にその必要性が明確化されているが，我が国においては諸外国と比べて成功例が少ない状況にある。」

　「この状況を打破するためには，グローバル市場を勝ち取り，後続の
　大学発ベンチャーがその動向を目標とするようなユニコーン企業を創出
　することで，今後の我が国における大学発ベンチャーの創出・活性化に
　つなげることが肝要である。」（ともに p. 1，簡潔化のため但し書きを一部
　中略）

　この記述からは，産学連携の形態の一つである大学発ベンチャーに対する
社会的期待，少なくとも政府からの期待の主たるものとして「日本発のユ
ニコーン企業を生むこと」が挙げられていることが読み取れる。ユニコーン企
業となり得る大学発ベンチャーの創出が，産学連携に対して社会が具体的に
求めるものの代表として語られているのである。しかし次章で詳説するよう
に，現実に想定され実行されている産学連携モデルは必ずしもユニコーン企
業を生むような結果のために構築されてはいない。産学連携を行えば何か大
きな成果，特に商業成果が生まれるのではないかという社会期待と，現実の
営みには，容易には埋め難い隔たりが生じている。こうしたギャップは，制
度論の観点からすればまさに脱連結である。輝かしく，なにか大きな成果を
生むと期待されて導入され普及する形式と，実際に組織間で行われる実態と
に乖離が生じているからである。
　その乖離の原因を，本書では制度ロジック多元性に見出す。つまり，先述
のユニコーンの例にしても，大学は本来事業ロジックを本拠とはしていない
組織である。たしかに大学が生み出した科学知識が大きな事業成果に繋がっ
た例も，特に世界を見渡すと一定数存在する。しかしそれはごく一部の稀少
例である。大学組織は，知識の事業化についてノウハウも有していないし，
アイデンティティを感じてもいないし，興味をもっているわけでもない。そ
の性質の差異を無視して高い事業目標を掲げても，大学が実行可能であると
はいえないだろう。大学には大学の，企業には企業の，独自に築き上げてき
た制度的な背景があり，それは組織を埋め込みプレッシャーをかけると同時
に，組織に安定性をもたらしてきたものでもある，捨て難い「歴史」である。
それらを尊重しつつも協働の成果を享受できるような，制度ロジックの「両
立」こそが，産学連携の肝となるであろうという推論を基に，次節の事例分

析では制度ロジックの「両立」という観点から産学連携プロジェクトにおいて組織がいかに制度複雑性に対応したかについて検討していく。

3 事例：産学連携プロジェクト

　本プロジェクトは、「新薬の創製」を目的として立ち上げられた，X大学医学研究科とY社が協働する有期プロジェクトである。プロジェクトに際して企業から大学へ研究者が派遣され，日常的なコミュニケーションを伴って共同研究を行う中で新薬の創製がめざされた。プロジェクトの資金は，Y社から提供を受けたものの他に，国からの提供資金も含まれた。プロジェクト内では合計して数十の研究テーマを取り扱い，研究の進捗に合わせてスクリーニングして創薬の標的を絞っていくという形が採られ，最終的には10分の1程度にテーマが絞られることになった。研究テーマのスクリーニングにおいては，大学と企業からそれぞれ代表者らが集まり，合議することで意思決定された。

　以下では，科学ロジックと事業ロジックの差異が大学と企業それぞれに志向性や行動パターンの差異を生み出しているという前提のもと，制度ロジックの差異がどのように各組織において志向性や行動パターンの差異を生み出していたのかについて記述する。そもそも，大学と企業は何が異なっているのかということをグラウンデッドに確認することが目的である。

制度ロジック多元性が生み出す大学と企業の差異

　まず，研究成果の公表における志向が，各組織で異なっていた。プロジェクトの目的は「新薬の創製」として共通していたが，大学側では「新薬の創製」のほかに公的な目標として「研究者を養成する」という目標を掲げ，若手研究者を積極的にプロジェクトに加入させていた。研究者としての業績を挙げるためには論文の公表が第一となるため，大学側では新薬の創製に関わる論文を公表することが最大の関心事となっていた。いっぽうで，企業としては「新薬を創製する」ことは，新たな市場を獲得することに繋がっている

ため，新薬の基となる特許の取得が最優先されていた。以下のような発言は，
両組織の性質の対照性がみてとれる例である。

　　　「大学としては，責務として，医者を輩出する。で，もう一つは，知
　　の創造というんですかね，医学的な知見を出していこうと。もう一個は，
　　医療を作ろうと。この三つがあると思うんですね。」

—X 大学研究者

　　　「大学だけではできないことって何かっていうと，やっぱりモノなん
　　ですよね。モノっていうのは化合物です。あるいは技術。創薬技術です
　　かね。」
　　　「企業側は，新しい医療の進展に対してそれを利用した創薬をしない
　　といけない。」

—Y 社プロジェクトメンバー

　次に，研究テーマの選択基準をめぐる差異である。本プロジェクトでは，
特定の疾病がどういった因子によって引き起こされるのかという「メカニズ
ム（機序）」を探究すること，あるいは，そのメカニズムに効果的である化
合物を特定することが科学研究の中心であった。

　　　「医学研究の基礎というのは何かというと，疾病のメカニズム，A が
　　悪くなると B が悪くなって結果としてこういう病気になりますと。そ
　　ういうメカニズムの研究なんですね。」

—X 大学研究者

　換言すると，ある疾病がおこる因果関係を特定し，さらにある化合物がそ
の因果関係に効果的であること，すなわち「有効性」が実証される過程を経
て，科学知識が創造される。つまり論文の核となるのは有効性の実証であり，
大学側では科学ロジックに基づいて，有効性が実証されているあるいは実証
が期待できる研究テーマを選択しようとする志向が生じる。また有効性とは

別に，研究者が「おもしろい」と感じるかどうかという個人的な研究上の興味も，研究テーマの選択に大きな影響を及ぼしていた。以下の発言からも，研究者はまず個人的興味から活動を開始し，通常は事業について勘案しないということが窺える。

> 「研究者っていう生き物は，サイエンスがおもしろいと感じる人たちなので。どっちかというとビジネスという部分は考えないと思うんですけども。」
>
> —X大学研究者

但し，有効性の立証だけでは，創薬は実現しない。創薬に際してはその化合物を人体に投与した際の「安全性」を担保する必要があり，安全性の立証には，最終的にヒトを対象とした臨床試験（治験）が必須である。つまり，有効性の実証にとどまらず安全性も担保されたうえで最終的に新薬を上市することが，事業ロジックに基づくミッションとなる。なお，創薬には通常9〜17年と非常に長い時間がかかり[2]，プロジェクト期間内で創薬を達成することは現実的ではないため，創薬の候補となる疾患のメカニズムあるいは化合物をいくつか選定していくことが，より現実的なプロジェクトのミッションとしてY社で共有されていた。このように，研究テーマの選択において，大学側は有効性あるいは研究上の興味を，企業側は安全性をより優先するという差異が生じていた。

三つ目に，これも研究テーマの選択基準をめぐり，研究の継続性に関する差異が生じていた。本プロジェクトでは既述のように，数十の研究テーマを扱ったうえで創薬の見込みがあるものに絞り込んでいくという手法が採られた。創薬はある単一のメカニズムや化合物に関する研究が創薬に繋がる可能性が非常に低く，新規化合物発見の可能性は約30,000分の1ともいわれる[2]。すなわち非常に高い不確実性をはらむため，多くの候補を有しつつ，ステージゲート式にスクリーニングをすることが当然視されている。よって企業の研究者は，多くの場合企業から定められた研究テーマに従事し，スクリーニングの状況によって担当する研究を変えることとなる。

　換言すれば，企業における研究テーマの選択は，事業ロジックに従って階層的な意思決定のもとでなされる。いっぽうで，大学の研究においては，複数の研究テーマをスクリーニングするという手法は一般的に採られず，ある研究者は自律的に設定した特定かつ少数の研究テーマにより長期に関わる傾向がある。つまり，企業としては有望な研究テーマに「選択と集中」をするために多数の研究テーマから「どのテーマを打ち切るか」という判断を行う他方で，大学ではある少数の研究テーマを「いかにして継続するか」という志向性が持たれる。次の発言からは，企業がいかに「選択と集中」を重要視しているかが窺える。

　　「会社の姿勢としても，選択と集中っていうことで，色々なプロジェクトやって，ダメなら止めて，止める時間は短い方がいいって感じだったんですが。」

　　　　　　　　　　　　　　　　　　　　—Y社プロジェクトメンバー

　こうした研究の継続性の差異は，先行研究では科学ロジックと事業ロジックの差異として明示的には指摘されてこなかった。しかし，企業における活動の性質やタスクの選択基準をふまえると，より多くの候補を揃えたうえで絞り込んでいく「選択と集中」は一般的な経営行動であり，営利を目的とする経済システム下にあるがゆえに生じた行動パターンであるといえる。また同時に，大学では個人の知的好奇心に基づいて自律的に研究テーマを決定するがゆえに，少数の研究テーマを長期的に扱う傾向があるといえる。つまり，科学ロジックの影響を受けて生じる普遍的な行動パターンであると解釈できる。このように，制度ロジックの差異ゆえに，研究テーマの決定と研究の継続について大学と企業の間に差異が生じていた。

　最後に，打ち切られた研究への対応についても，大学と企業との間には志向性の差異があった。同プロジェクト内では継続しないと決まった研究であっても，それが安全性の問題から打ち切られていた場合，大学としては科学ロジックに従って，ときに別の資金源を活用して研究の継続を試みる。しかし，仮にY社と違う企業がスポンサーになったとすれば他の企業を利する

可能性もあるため，あくまで私益を追求する事業ロジックに従い競争優位性のみを考えるのであれば，企業は死蔵を厭わず研究成果を特許出願し，別の資金で研究が継続できないよう契約を結ぶという選択肢も生じる。このように，プロジェクト内は継続しないことが決まった研究の処遇についても大学と企業とでは対応が異なっていた。

制度ロジック多元性が生み出すコンフリクト

　続いて，前項で述べた差異がどのようにコンフリクトを生じさせていたか，換言すれば制度ロジック多元性がいかに制度複雑性を生み出していたかについて検討しよう。なお，前項に挙げた四つの差異と，それらと制度ロジックとの対応関係，および本項において述べられるコンフリクトとの関係について，図表4-1にまとめた。

　まず研究の公開について，科学ロジックに依拠する大学研究者は知識の公開，すなわち学術誌や学会で研究成果を発表することを最優先するいっぽうで，企業にとっては論文や学会発表をしてしまうと特許出願のための情報の機密性が失われてしまうため，順序としては論文公表よりも前に特許出願を

図表4-1　科学と事業との間に生じるコンフリクト

焦点	大学の志向	企業の志向	生じるコンフリクト
研究成果の公開	メカニズムに関する論文の公表	創薬を見据えた特許の取得	知識の公開に関するコンフリクト： 論文と特許のどちらを優先するか
研究テーマの選択における基準（選択基準）	有効性あるいは研究上の興味関心	安全性	研究テーマの選択に関するコンフリクト： （プロジェクト内外において）どの研究テーマを継続するか，継続させないか
研究テーマの選択における基準（研究の継続性）	・少数の研究テーマを継続していく ・自律的に個人が決定する	・多数の研究テーマから絞り込む ・組織の階層に従って決定する	
プロジェクト内で打ち切られた研究への対応	継続させることが（科学界における）公益にとって望ましい	継続させないことが企業の私益にとって合理的である	

出所）筆者作成

114

完了しないと，論文と特許とを両立させることはできなくなる。しかし，大学としては有効性が確認できた時点で学会発表を行いたいため，特許出願を待つことは大学のミッションを果たすうえでは阻害要因になり得る。また，プロジェクト以前の契約において大まかなルールは締結していたものの，個々の案件についてどうするかについては個別に決定していたため，知識の公開に関するコンフリクトが大学と企業間で発生していた。注意すべきは，以下の発言からもわかる通り，「期待値の高いプロジェクトほどコンフリクトが起きる」という点である。有望で，多くの研究が生まれるようなプロジェクトほど，大学にとっても企業にとっても成果にしたいというモチベーションが向上するので，両組織にコンフリクトが生じやすいのである。

　「(論文) 公表と特許出願のせめぎ合いというのは，いいサイエンスがあるところでは必ず起こるなっていうのは，実感しています。」
　「論文待ってくれっていうのは，研究戦略上も，公表されてしまうと皆さんができてしまうということがあって，充分なデータが出るまで待ってくれというのは，期待値が高いプロジェクトなら必ず起こります。」
　　　　　　　　　　　　　　　　　　　　　　　—ともにX大学研究者

　次に，有効性と安全性をめぐる差異も，研究テーマの継続に関してコンフリクトを引き起こしていた。企業側としては，ある研究テーマの安全性が確認できなかった時点で創薬に繋がる可能性はないため，研究を継続する意義はなくなる。しかし，大学としては有効性が確認できる限りは研究を継続しようとする。そのように有効性と安全性が両立しない例が多くあることは，以下のようにインタビュー内で述べられた。

　「結果として，有効だけども安全性が担保できないからっていって，潰れたのがいっぱいあるんですよ。」
　「動物で検証した安全性が，ヒトで本当に安全かというのは絶対に検証しなおさないと，(企業にとっての創薬は)無理なんですよね。(中略)ペーパー書くという意味だと，有効性が先に来ちゃうんですよ。(中略) そ

れは微妙な違いだけども非常に大事な違いだというのが，お互い認識し
てないと，先生方は効くじゃないですかと。でも企業側は危ないじゃな
いですかと。不毛の議論になっちゃう。」

―ともにX大学研究者

　このように，有効性と安全性についての差異は，研究を継続するか否かの
意思決定においてコンフリクトを生じさせていた。
　また，先述のように，企業は多くの選択肢を確保して「選択と集中」を行
うことで事業における不確実性に対処するいっぽうで，大学は比較的少数の
研究テーマに携わり，論文になりそうな研究あるいは「おもしろい研究」の
継続を希望する。よって，企業はある研究テーマを比較的短期で打ち切る傾
向があるのに対し，大学は少数の研究テーマを継続する志向があるために，
ある研究テーマを継続するか否かに関してコンフリクトが生じていた。さら
に，継続しないことが決定した研究テーマに関しても，大学と企業の対応の
差異がコンフリクトの源泉となっていた。すなわち，大学は研究の継続を志
向するいっぽうで，大学に研究を継続させないことが企業にとっての競争優
位に繋がり得るともいえるため，私企業の利益を追求する事業ロジックに従
う行動をとることで，研究を死蔵させず公開するという科学ロジックが阻害
されるというように，研究の継続性をめぐる差異がコンフリクトを生じさせ
ていたのである。以下の発言には，研究の継続性をめぐる対照性が如実に表
れている。

　　「アカデミアの研究というものはずっと続くものなので。ただ創薬と
　　いう点からみると，薬というゴールがあるものなので。そういう意味で
　　は，どっちかというと大学の方が（研究の継続を希望する）ということ
　　が多かったですね。」
　　「Y社としては，（ある研究を）これ以上やっても，もう止めたい，と
　　いうことはありますよね。そういったことについて，（大学側は）もう
　　ちょっとこういうことはできないだろうかとか。そういう話をすること
　　は多かったですかね。」

——ともに X 大学研究者

　以上のように，前項で挙げられた差異は，大別すると二つのコンフリクト，すなわち知識の公開に関するコンフリクトと，研究テーマの選択に関するコンフリクトを生じさせていた。

コンフリクトの軽減と制度ロジックの両立

　既述したように，本プロジェクトでは，制度ロジック多元性が大学と企業の志向性や行動パターンにおいて差異を生じさせ，特にプロジェクトの初期においてコンフリクトを顕在化させていた。しかし，そうしたコンフリクトは両組織の対応によって次第に解消されていった。本項では，両組織が，いかに両組織の制度ロジックを維持したうえで，コンフリクトを解消しプロジェクトを前進させたかについて記述する。

　まず，知識の公開に関するコンフリクトについて，「2年ルール」と呼称された制度の設計によって，コンフリクトの解消が図られた。

　　「2年というのは実際に，正しいと思って検証していこうとすると，だいたい2年かかるんですよ。論文書こうとすると。発見した時から企業は使ってくださいと。（中略）その間に，必要な特許はとります。その代わり，データは共有します。できたらすぐお伝えします。その間に，メカニズム研究はこちらでしますけども，事業的に使えるか使えないかは2年間で社内で検討してくれと。そんな感じで論文は書いています。」

——X 大学研究者

　上記のように，ある研究テーマにおいて有効性が実証できると期待された場合，実際に論文として出版するまでには2年程度の準備期間がかかる。その期間を利用して，企業は特許出願について検討するというように，準備期間を活用することでプロジェクトにおける論文発表と特許取得の両立が図られていた。その結果としては，下記のように，大学としても企業としても各々の制度ロジックに沿った成果を得ることができた。

「幸いなことに，それ（ルールの策定）で今までペーパーを遅らせると
いうことはなかった。」

―X 大学研究者

　「これ（Y 社が特許として取得した研究テーマの数）も比較的公のプロジ
ェクトに比べたらかなり歩留まりいいです。」

―Y 社プロジェクトメンバー

　但し，「2 年ルール」は大学と企業双方における合理性を最大化させたと
いうより，双方にとって譲歩を含むものでもあった。2 年という期間も，下
記のように大学と企業の事情を勘案したうえで妥協点を探った結果設定され
たものであった。

　「1 年ではやっぱり（企業が特許出願を検討する期間として）無理なんで
すよ。3 年くらいは欲しい。でも 3 年も（大学側として知識の公開を）待
てないよなと。」

―X 大学研究者

　加えて，大学側にとっては「2 年ルール」下では学会発表が制限されると
いう妥協点が存在した。

　「一つの落としどころとしては（中略）学会発表はしない。学会発表
っていうレベルでできるところのデータっていうのは，けっこう簡単に
できてしまうんですね。なので，論文ファーストで，お願いしているん
ですね。」

―X 大学研究者

　上記のように，有効性が見出された場合すぐにでも学会発表に繋げること
が大学としては合理的であるものの，学会発表を行わないことで情報を秘匿
しながら企業は特許出願を行い，かつ大学側では論文作成の準備をする，と

いう体制をとっていた。このように，2年ルールは両組織にとって最も合理的な手段をとるというよりも，両者の均衡を図りながら両組織のミッションを達成，つまり両組織の制度ロジックを「両立」するために策定されたルールであったといえる。

　また，研究テーマの選択に関するコンフリクトについても，企業が研究テーマの打ち切りを判断できると同時に，大学としては打ち切られた研究を他企業と継続できるルールの策定がなされた。

　　　「Y社が契約を中止しますといったものは，大学も自由に研究活動し
　　　ていいし，大学の先生も自由に売り込みいっていいというふうにしてい
　　　ます。」

　　　　　　　　　　　　　　　　　　　　　　　　　　　　　―Y社プロジェクトメンバー

　本プロジェクト内で打ち切られた研究は他企業との協働であっても研究を継続できるようサポートする体制がつくられ，ルールとしても確立していた。これによって，企業は事業化を選択基準にしながらプロジェクト内でのスクリーニングを行うことができ，Y社がプロジェクト内で継続を選択しない研究テーマに関しては他企業をパートナーとして研究の継続を模索することが可能になり，研究テーマの継続に関するコンフリクトが軽減されたのである。

　このように，ルールの策定によってコンフリクトを解消しようとする試みがみられ，両組織ともに，それぞれの制度ロジックに基づいた合理性を追求することができていた。しかし同時に，こうした対応の結果として互いに譲歩や妥協をした点も見受けられた。たとえば知識の公開において各々の利益を最大化するためには，むろん大学にとっては特許出願を気にせず研究を継続する方が望ましく，企業にとっては論文化による公開の懸念なく特許出願および事業化を推進すべきである。しかし，両立のために両組織は「2年」という制約を設定せざるを得なかった。また，研究テーマの選択においても，企業は事業ロジックに基づいてプロジェクトで扱う研究テーマを取捨選択することは可能になったものの，競争優位のために研究を死蔵させることは科学ロジックの要求によって抑制された。つまり，本事例では両組織がそれぞ

れの制度ロジックの要求を満たし，プロジェクト全体で制度ロジックが両立されたものの，両組織の制度的合理性を最大化させたというより，両組織が均衡を図りながら適度に制度ロジックの要求を満たすことのできるルールが策定され，コンフリクトの軽減に寄与していた。

　そこで次に，ルール策定における交渉過程に注目し，このようなルールの策定が導かれた論理がどのようなものであったかについて分析する。ルールの策定は両組織の代表者らが対話しながら進められ，意思決定においてはいくつかの「論理」が決定的な材料として作用していた。まず，本プロジェクトの資金のうち国から提供される資金が半分程度あったことが，ルールを策定するうえで説得材料として用いられた。

　　「（本プロジェクト）の場合は，国のお金が半分入ってたんですよ。だから税金半分入ってるじゃないのと，かなり強くいえたんですよ。」
　　「これ（本プロジェクト）の場合は税金半分入ってるから，死蔵させてはいけないでしょっていう理屈が立ったんですね。」
　　　　　　　　　　　　　　　　　　　　　　　　　—ともにX大学研究者

　上記のように，本プロジェクトでは「企業がすべての資金を提供しておらず，国から提供されている資金がある（から公益を重視すべきである）」という論理がおもに大学側から主張され，よっていち企業だけを利するルールを策定することはできない，として事業ロジックの圧力を緩和する材料となっていた。また，この論理は企業側にとっては事業ロジックを阻害する可能性があるものの，国からの提供資金が獲得できるという事業ロジック上のメリットもあったため，Y社にも受容された。大学の都合だけで主張された論理というわけではなく，企業側にとってもメリットが認識されたからこそ，受容されたのである。

　　「企業側の立場としましてもね，チャレンジングなことに対して資金をつけてくれたということでもあると思いますし，（中略）官からのお金があるということは，やっぱり大きなことやと思うんですよ。」

　　　　　　　　　　　　　　　　　　　—Y社プロジェクトメンバー

　「新たな研究者をたくさん雇用できたり，共同研究たくさんできたり，
いろんな試しができたりする。それがY社だけやったらどうしても資
金面では足りなくなるし，成功のチェックをするレンジが違ったりする
かもしれない。」
　　　　　　　　　　　　　　　　　　　　　　　—X大学研究者

　このように，「国から提供されている資金がある」という論理がルール策
定の交渉において事業ロジックの要求すなわち知識の私的専有を緩和する材
料として用いられ，結果としてY社が2年ルールを容認することに繋がった。
　また，特に「打ち切られた研究を他企業と継続できるルール」の策定にお
いては，「新薬の創製」というプロジェクト全体のミッションステートメン
トに起因した「創薬を通じて患者や社会に貢献する」という論理が影響して
いた。

　「（大学研究者は）一人一人の患者さんをどうやったら治せるかってい
う意識がすごく強くて，一人一人のお医者さんが患者さんを治すってい
うことに，非常に重きを置いていて。」
　　　　　　　　　　　　　　　　　　　　　　　—X大学研究者

　「（プロジェクトにおいては，）患者さんというものを意識した。どうい
う患者さんやということを意識したことを考えていくと，（中略）一般
にいうギャップとかね，とかいうのは埋まっていく。」
　　　　　　　　　　　　　　　　　　　—Y社プロジェクトメンバー

　上記のように，「新薬の創製」というミッションは，論文の公表や特許取
得といった個々の組織のみに寄与するミッションを超越して，「患者に貢献
する」という論理を導くように解釈され，説得材料として用いられていた。
両組織が新薬の創製をめざすことは，むろん大学にとっての科学知識の創造

や企業にとっての市場創造に繋がってはいるものの，同時に患者に貢献するためのものである，という論理がルールの策定において強調されていたのである。またこの論理に従うと，打ち切られた研究を他企業と継続できるルールを策定した方が患者に貢献する創薬に繋がるという結論が導かれ，結果として打ち切られた研究を他企業と継続できるルールの策定に強く影響していた。

4　理論的考察：第三のロジックの道具的活用

　本プロジェクトでは，科学ロジックと事業ロジックが構成する制度ロジック多元性が両組織の行動パターンや志向性に差異を生じさせ，またその差異がコンフリクトの源泉となっていた。生じたコンフリクトへの組織的対応として，コンフリクトを軽減しながらも両組織の合理性を満たしつつプロジェクトを進めるためにルールの策定がなされ，その交渉過程においては「国から提供されている資金がある」「創薬を通じて患者や社会に貢献する」といった論理が用いられ，ルールの決定に大きな影響を及ぼしていた。

　これらの論理は，科学ロジックにも事業ロジックにも由来しない，「第三のロジック」といえる制度ロジックから生じた論理である。これは既存理論における概念を用いると，コンフリクトを解決するために「国家のロジック（state logic）」（Pahnke et al., 2015）という制度ロジックの道具的活用が行われていたと解釈できる。すなわち，科学ロジックと事業ロジックに起因するコンフリクトが顕在化する中で，二つのロジックとは異なるロジックが用いられ，結果的にコンフリクトの解決に寄与していたのである。これらの道具的活用は，二つの制度ロジックをハイブリッドしたわけでもなく，またどちらかの制度ロジックに一元化するわけでもないという点で，制度ロジック多元性に対する組織の対応として新規性がある。なお，パンケらが文献のなかで意味する国家のロジックは，本章で用いるものと若干ニュアンスが異なることには注意が必要である。こうした点にも，脱文脈的に制度ロジックを扱うことの難しさが垣間みえる。

　以上の発見事実は新規性があるいっぽうで，ある一つの戦略のパターンを提示したにとどまることも事実である。そこで，なぜこういった「第三のロジックの道具的活用」が行われたのかについても考察する。理由として，産学連携プロジェクトは直接的に国家が関与しているケースも含め，多くの場合で根本的に高い公共性が求められることが挙げられる。特に国からの資金提供がある場合は，単一企業だけを利することは強く忌避される傾向にある。産学連携に従事する企業に利得があることは否定されないまでも，「公器」たる大学と連携し，まして公費を投入するのであれば，社会貢献を行うべきであるという国家のロジックが，大学と企業双方に未然に強く影響している可能性が高い。それゆえに，本事例における第三のロジックは両組織にとって影響度の高いものであり，道具的活用が行われたことや，第三のロジックに依拠する形で両組織の均衡が図られたことは，蓋然性の高い現象であると推察できる。

　また，道具的活用の頻度や影響度について，本プロジェクトではインタビュー内で「患者（さん）」という語彙が頻繁に用いられ，また「創薬を通じて患者や社会に貢献する」という論理がコンフリクトの解消に寄与していた。製薬業界では，新薬の創製に際して患者の協力による臨床試験（治験）を実施する必要があり，また医薬品のエンドユーザーは患者であるため，患者の存在感がきわめて大きい。よって，国家のロジックや「ケアのロジック（care logic）」（Dunn & Jones, 2010）といった事業ロジックとは異なるロジックが影響を持ちやすいのだと考えられる。大学においても，特に臨床現場に携わる研究者は患者と接する機会がきわめて多く，科学ロジック以外のロジックが高いドミナンスを持つ傾向にあると考えられる。つまり，第三のロジックの道具的活用においては全く無関係のロジックが道具的に活用されるのではなく，大学あるいは企業に属する行為主体にとって実務上影響をもつ制度ロジックが活用される可能性が高いのだと推測できる。

　本事例では，二つの制度ロジックが組織間協働によって多元性を構成する状況においても，他の制度ロジックが影響をもつという現象が観測された。これは全く無関係のロジックが「方便」のために突然出現したのでなく，科学と事業の関係においては，科学ロジックと事業ロジックだけで完結するの

ではないという事実が示唆されている。第3，第4のロジックもまた影響を
もつようになることがあり，それは無関係に出現するのではなく，元来科学
や事業に「親和性」のあるロジックであるから，道具的活用をしてもコンフ
リクトが発生しないのである。本章の序盤で考察したマクファーソンらの研
究では，「道具箱」の中にある四つのロジックが，それぞれどういう関係に
あるか，どういう制度から発生しているかについては深く検討していない。
社会化過少観に基づいて道具的活用を支持するにしても，制度そのものへの
検討を看過しては，大きなコンフリクトを生じさせるかもしれない。二項対
立で描かれる組織間連携において制度複雑性が生じたとしても，それは元来
影響をもっていた他のロジックを活用することによって対応でき得るのであ
る。

5　本章のまとめと課題

　本章では，協働する組織の「理由」と制度ロジックの道具的活用という観
点から，産学連携プロジェクトを題材として事例研究を行った。本章では，
区分化という組織構造上のマネジメントのみならず，組織同士の交渉過程が
どのように行われたかという認知上のマネジメントに着眼した。事例研究の
結果，科学ロジックに依拠する大学と事業ロジックに依拠する企業とが交渉
するにあたって，国家やケアのロジックといった，科学とも事業とも異なる
「第三のロジック」が，両者のロジックの両立に寄与していることが判明した。
　この道具的活用がなされたことはマクファーソンらの指摘通りであるとし
て，他方でこの組織的対応は脱制度化されたものではない。なぜなら，科学
も事業も，国家や顧客（患者）への貢献といったロジックを抜きにしては考
えられないものだからである。すなわち，筆者を含めた研究者は，大学は科
学を，企業は事業を最優先するものとして対象を抽象化する。そのことに間
違いはないと考えられる。しかし現実の組織は，科学「のみ」を純粋に追究
しているというわけでもない。国家や患者といった存在を「念頭に置き」な
がら日々の活動に従事しているという意味では，制度複雑性を未然に抱えな

がら組織は存在するのであり，その点で第三のロジックは，大学にとっても企業にとっても「自然に」用いられたロジックであったと推察される。

　この結論からは，我々が制度ロジックを純化して描くと同時に，制度ロジック「同士」が近接性をもって組織に影響していることがわかる。科学ロジックと事業ロジックは独立した関係ではなく，第3章で述べたように幾分かの共有箇所をもちながら個々に領域を描くようなものである。この共有領域を同様に共有するのが国家のロジックであるといったように，それぞれの制度ロジックは重なり合っており，そして組織はその多元性に埋め込まれている。このように考えると，複数の制度ロジックはただ矛盾し合い反発するのでなく，共通項を有しながら差異化されるものである。そして制度複雑性に対応するうえでは，その共通項を見出すことが，少なくとも認知的にコンフリクトを緩和する有力な手段となっているのである。

　本章までに検討できなかった課題も，もちろん存在する。本章では道具的活用を説明するために「国家のロジック」や「ケアのロジック」といった制度ロジックを先行研究から持ち出した。では，「国家」や「ケア」といった制度は，科学や事業と根本的にどういった関係にあるかについては，「関係がある」といったこと以上には検討できていない。科学ロジックに従う大学も，事業ロジックに従う企業も，社会貢献するであるとか患者さんに貢献するといったロジックを異物としては捉えておらず，単なる方便以上の説得力のある理由として受容する。それはなぜなのか，科学と事業と，社会や市場といった制度との関係がいかなるものであるから本章の主張が妥当なものとなるのかについては，本書では未検討のままになっている。

　また，次章以降で検討する課題として，言葉としては触れつつ深くは分析できていなかった，イノベーションモデルおよび「場」に関する問題が挙げられる。第3章・第4章の議論は，実はどういったモデルを採用するであるとか，実際にどういった「場所」で組織が協働するかといった要因に左右される部分が大きい可能性があるのに対して，そういった要因についてはほとんど考慮できていない。第3章・第4章では敢えてそれらを捨象し，組織間連携の構造と認知という側面に絞って議論を展開したため，次章以降では，イノベーションのモデルと協働を行う場所性について検討していく。

注

(1) 経済産業省ウェブサイトより，2021 年 3 月 8 日取得。
https://www.meti.go.jp/press/2020/05/20200515003/20200515003-2.pdf
(2) 製薬協ウェブサイトより，2019 年 8 月 5 日取得。
http://www.jpma.or.jp/about/issue/gratis/guide/guide12/12guide_05.html

付録：ノンテクニカルサマリー

　この章は前の章と同じように、「区分化戦略」に類する事例を取り上げています。しかも、大学と企業という、それぞれの論理と志向性がより「純粋」な組織同士の協働です。特に大学は、事業の論理がほとんど働かない組織です。研究の原資の獲得などをめざして企業と協働するものの、自身らに馴染みのない事業に関わることは、大学にとって大きな困難を伴います。

　事実として、産学連携プロジェクトではあまり予想できなかった種類のコンフリクトが生じました。たとえば、研究の継続性に関するコンフリクトです。科学の論理に基づく大学は、同じテーマの研究を比較的長期間継続する傾向があります。同じテーマに従事し、あまりプロジェクトを打ち切ったりしないのです。対して企業としては、事業にならないと判断すればすぐにでも研究を打ち切ります。研究に対する時間軸と中止の意思決定が異なっているのです。

　他にも、大学の研究者は、個人的な興味や科学的な新しさに、研究の継続可否の基準を求めます。対して企業側は、本事例のような製薬企業であれば安全性が担保されないと研究を続けません。安全でない薬を開発し続けることは、事業にとって意味がないからです。このように、科学と事業の性質の違いは、どの研究テーマを選びどのくらい継続するかという意思決定において決定的な差異をうみだしていました。

　それでも大学と企業は、互いに協働を継続するために綿密な交渉を行います。その結果として、妥協を含みながらも互いに納得できるルール策定を行い、両者にとって利益のあるプロジェクトとして全うすることができました。なぜ両者が譲歩しあい、互いの利益のためにルールを策定できたかというと、交渉過程において「税金を使っている」「患者のためである」といった論理がたびたび用いられ、かつ説得力のある理由として用いられていたからでした。

　本事例で注目できるのは、科学と事業という対立関係がある組織同士が、自身らの中核的な論理とは違う論理を用いて交渉していたという事実です。この事実からは、実は「公共性」は科学とも事業ともまったく無関係であるわけでなく、共通項をもった密接な関係にあることがみえてきます。

第 **5** 章

分化と形態形成
——創発的な分業モデル

> 「基礎研究も応用研究もなく，実学も虚学の違いも存在せず，それ
> ぞれの研究者が新しい知識の地平の開拓を目指して集っている場所，
> それが大学であり，その内部での密接な相互関係とネットワークに
> よって，どこかで生まれ出る新たな知識を拾い上げていく組織，そ
> れが現在の社会における大学に求められている姿ではないだろう
> か。」
>
> ——上山（2010，p. 320）

1 理論的背景と問題意識

　第3章・第4章では，区分化戦略が用いられた事例について分析を行った。
第3章では，区分化戦略を用いつつも，区分化が「純化」されていないこと
を問題視したマネジメント層の判断によってプロジェクトが終了してしまっ
た事例をとりあげた。第4章では，同様に区分化戦略が用いられつつも，コ
ンフリクトが生じたことを察したメンバーらが「第三のロジック」を道具的
に用いたという発見事実から，制度複雑性に関わるロジックは両組織にとっ
て中心的な二つのロジックにとどまらないことを示した。

　本章では，科学と事業とを架橋する「イノベーションモデル」について中
心的に検討する。第3章・第4章は組織間連携における構造と認知という側

面に注目して分析を進めてきた。同時にそれらの分析では，いかなる「イノベーションモデル」を採用するかという観点は捨象されてしまっている。イノベーションモデルは，制度論の観点から研究がなされてきた中心的な研究対象というわけではない。しかし，イノベーション創出を企図する科学と事業の関係を考察するうえで，イノベーションモデルへの言及は避けて通れないと考え，本章ではイノベーションモデルに関する考察を中心に行う。先だって本節では，イノベーションモデルに関する先行研究をたどっていく。なお以下の記述は，経営史学の観点からイノベーションモデルの変遷をまとめた山中（2021）を参考としている。

イノベーションモデル

　イノベーションをモデルとして概念化するという試みは根本的に矛盾をはらむ。モデル化とは一定の効率化を求めて行うものであると同時に，多義性・曖昧性・偶然性に満ちたイノベーションプロセスはそもそもモデル化などできないかもしれないという問題が，理由の第一である。加えて，結果的にモデル化されたプロセスから生じるものは模倣容易で陳腐化されており，イノベーションとよべるような新奇性に欠けるのでないかという問題も存在する。とはいえ，20世紀初頭頃から，イノベーションを合理的に統制可能なプロセスであるとして概念化する動きが始まる。黎明期の支配的モデルがリニアモデル（線形モデル）である。リニアモデルは，イノベーションとは研究，開発，生産，マーケティングとが一方向に線形で進行するプロセスであるという前提のモデルであり，当初は技術プッシュが念頭に置かれていた。1960年代には，市場の重要性が強調されたことからニーズプルの側面が認識され始める。

　これに異を唱えたのがクラインとローゼンバーグである（see クライン，1992; Kline & Rosenberg, 1986）。彼らはイノベーションプロセスには常に不確実性と複雑性が伴うという問題意識から，各段階間のフィードバックループやコミュニケーションと調整を重視した連鎖モデルを提唱する。イノベーションのプロセスが複雑であり，絶え間ない失敗からの学習，コミュニケーションと調整の結果としてイノベーションが生まれるという現実を反映して，

モデルの修正が行われてきた。近年は，こうした連鎖モデルの前提が全面的に肯定されると同時に，単一組織内ではイノベーションを完結できないという思想が支配的になりつつある。つまり，イノベーションモデルはネットワーク化され，サプライヤーや顧客といった川上・川下のステークホルダーをも巻き込みながら，組織をまたいで有機的に行われるものとみなされるようになった。オープンイノベーション思想も，その潮流に位置づけられる。これはまた，単一組織内での効率性にとどまらず，イノベーションが社会的要因を組み込むことを求められた結果だとも解釈できる（山中，2021）。

　こうしたイノベーションモデルの展開を制度論の視点から読み解くとき，注目すべき点がある。確立されたイノベーションモデルには正統性が付与されるということである。つまり，時代によってふさわしいとされるイノベーションモデルが存在し，それを真似るように組織が正統化されたモデルを導入するようになるという現象が起きることを念頭に置かねばならない。序章で述べたように，中央研究所という組織構造はときに合理性を欠いた同型化によって広まっていった。実効性や意味内容を問わずモデルが普及し浸透することで，モデル自体が正統化されていくのである。

　本章で特に研究課題とするのは，規範的に同型化されたモデルを通じて，組織がどうやってイノベーションを創出するのかという点である。特に本章が題材とする産学連携プロジェクトでは，そういった規範的なモデルに同型化する傾向が強いことが指摘されている。モデルの導入は，当初は合理性への検討を欠き，実態に即さない外形的なものとして脱連結を生じさせる。しかしそのモデルを基にした組織間連携は，イノベーション実現のために徐々に変化し，再連結をはたしていく。組織間協働におけるイノベーションモデルが，同型化から出発しながらも，いかに目的の充足のために構築されていくのかについて明らかにすることが，本章のマイナーな目的である。

2　研究設定：産学連携のイノベーションモデル

　本節では，産学連携において「理想的」とみなされてきたモデルに関する

検討から始める。次節で扱う事例が産学連携プロジェクトであるため，本節では特に産学連携において想定されてきた三つのイノベーションモデルについて，それぞれがもつ特徴，効用そして限界を論じる。産学連携の研究と実務において標榜されてきたモデルは，三つ考えられる。それぞれ「アカデミック・キャピタリズム」モデル，「シーズ・ニーズ」モデル，そして「アカデミック・エンゲージメント」モデルである。以下，それぞれのモデルの特徴と，その限界や問題点について検討していく。

「アカデミック・キャピタリズム」モデル

　産学連携において代表的でかつ最も初期に制度化されたとみなされるモデルが，「アカデミック・キャピタリズム（academic capitalism, AC）」モデルである。AC モデルでは，大学で生み出された科学研究に関して特許を取得し，売却益やライセンス収入を得るという絵図が描かれる。つまり，AC モデルはその名の通り，学術成果を収益化し，大学に主に商業成果をもたらそうとするモデルである。スタンフォード大学における技術移転オフィス（Technology Licensing Office, TLO）は，AC モデルの嚆矢かつ代表的成功例として著名である。スタンフォード大学では 1970 年に TLO が設立され，2 億 5,500 万ドルの収益を生み出した 1974 年の遺伝子組み換え特許を端緒として，数百万ドル以上のインパクトを生む特許を 2010 年代に至るまで定期的に生み出し続けている[1]。

　大学研究者が自身の生業たる科学研究に従事しながら，特許取得の事務手続きなど知財関係の実務を TLO が担うことによって収益化に成功すれば，科学研究という大学の特長を生かしながら，研究費をライセンス収入によって賄うことができるため，大学の，特に財政的な課題の解決のためには理想的なモデルといえる。スタンフォード大学のモデルは世界中に広まり，日本でも 1998 年に東京大学らが（株）東京大学 TLO を設置して以降，2020 年 5 月までに承認 TLO が 34 機関生まれるなど[2]，AC モデルを実現する組織体制は，日本国内でも確実に整備されている。なお，承認 TLO とは，「大学等における技術に関する研究成果の民間事業者への移転の促進に関する法律」に基づき事業計画が承認された技術移転事業者のことである。

　しかし，このように AC モデルの地盤が確立されていくいっぽうで，AC モデルには疑義も呈されている。まず，AC モデルの，特に TLO の活動の主目的である商業成果への疑問である。日本におけるライセシング収入は，2017 年度に大学・TLO を合計して総額 35.7 億円であり，12 年間で 3.3 倍に拡大はしている[3]ものの，同年度における日本の大学の研究費（自然科学部門）が総額で 2 兆 3,900 億円であることをふまえると，ライセシング収入の比率は微々たるものであることは否めない。

　また，産学連携が最も盛んでありかつ成果を生んできたといえる米国においても，大学全体のライセシング収入は研究開発予算の 10% 未満に過ぎない（宮田，2012）。スタンフォード大学においても，2017-18 財政年度における大学全体の研究費予算が 16.4 億ドルであるのに対し，18 年度の TLO の収入は 4,100 万ドルと，単純比で 40：1 の比率である。これらの数字から考えるに，AC モデルを活用することで大学が研究費の「自給自足」を行える目算はないに等しい。もちろん一程度の効果は見込まれることに加え，ライセシング収入の規模も拡大傾向にあることからも，AC モデルが大学にとって特に商業成果のうえで有力な選択肢ではあるものの，大学全体の財政規模に対して AC モデルが賄える割合には限界があるといってよい。

　加えて，AC モデルは「多産多死」にならざるを得ない。世界で最も AC モデルを成功させている機関の一つであるスタンフォード大学においても，スタンフォード大学自身が「大当たり（big winners）」とよぶ研究成果は，1970 年のオフィス設立以来 50 年弱で 10 件であり，特筆すべき（notable）として紹介している事例も，13 件である。これらの多寡を論じることは一概にできないのだとしても，AC モデルは基本的には数年に一度大きな成果を生む研究が出れば大成功といえるのだ，という認識が妥当であろう。AC モデルは，ほとんどの研究成果が投資に見合うまともな商業成果をもたらさない中で，ごく稀に非常に大きな成果を生む研究が出てくるというモデルなのである。

　このように，AC モデルはいくつかの，主に実務上の問題点を抱えている。まず，商業成果が主目的であるにも関わらず，期待できる商業成果には上限があり，かつ成果による収入が安定的でない点である。成功裏にモデルを運

用したとしても，大学の研究費を安定的に賄えるほどのインパクトは期待できない。二つ目は，にも関わらず，大学として強みがあるとはいい切れない領域である知財マネジメントなどにおいてコストを恒常的に払う必要があり，また研究者個人も特許への志向性をもって研究せねばならなくなるため，公科学（public science）を生業にしてきた研究者，特に基礎研究領域の研究者にとっては不向きなモデルであり，AC モデルが十全に運用されるためには大学組織や研究者にまで波及する抜本的な組織体制の改革が必要となり得る。

　小括すると，AC モデルは産学連携において重要な位置を占めてきたモデルでありながらも，主目的である商業成果が不安定かつ限定的であり，大学にとっても新奇性が高く組織マネジメントの障壁が高いという問題点を抱える。

「シーズ・ニーズ」モデル

　産学連携における支配的なモデルとして次に挙げられるのが，大学でシーズを生み出し，企業がもつニーズと結びつける，「シーズ・ニーズ（SN）」モデルである。SN モデルにおいては，大学は主としてシーズとしての科学研究を行い，そのシーズを企業が自社の事業機会すなわちニーズに応用することによって商業成果を生み出すことをめざす。いわゆる基礎／応用のような軸に沿って産学の役割を明確に分業することが特徴で，大学の基礎研究あるいはシーズと，企業の応用研究あるいはニーズをいかに結びつけるのかが焦点となる。AC モデルと比較すると，基礎—応用軸においてより基礎に近い段階で研究成果を企業などに引き渡すことが念頭に置かれている。そのため，SN モデルにおいてはトランスレーショナル・リサーチ（Translational research, TR, 橋渡し研究）と呼ばれる営為が重要視される。

　TR とは，主に医薬品の研究開発から生まれた用語であり，定義が統一されていないという指摘があるものの（田中，2009），「アカデミアや研究機関等の基礎研究から生まれる多くの成果（シーズ）から有望シーズを選抜し，非臨床・臨床試験での検証を通じて新規の医薬品や医療技術として実用化へつなげる（橋渡しする）研究・事業」（大野・永井・福島，2010，p. 190）や，「基礎研究の領域と臨床応用の領域を繋ぐ橋を掛けて，基礎研究の成果を臨床実

践の場で実証していくための基盤技術開発のための研究のこと」（治田，2007，p. 37）などの定義がされている。日本では2007年から文科省の主導でTR支援推進プログラムが策定され，行政の後押しもあってTRが推進されるようになっている（副島，2020）。

　ACモデルに比してSNモデルがもつ特長は，大学が基礎科学の研究に専念できることにある。つまり，基礎科学研究は大学にとって元来得意としてきた領域であり，組織体制や研究者個人の営為といった点において，既存の仕組みを残したままSNモデルを適用できる可能性が高いのである。よってSNモデルは，知財マネジメントやTRなど必要なコストが存在することはACモデルと同様でありながらも，大学にとって既存の組織体制やルーチンを維持したまま，産学連携としての成果を挙げられる可能性が高いモデルである。

　このようにSNモデルに関する知見が蓄積されるいっぽうで，SNモデルは以下のような問題をはらむ。まず，製品開発の観点からの問題である。SNモデルでは最終的に企業側で製品や技術の開発をすることが目指される。製品開発モデルの研究の視点からは，SNモデルは基礎と応用が同一線上にあり，両者を繋ぐことで製品開発が達成されると考えている点で，リニアモデルに分類される。同時に，本書で既に何度か触れたように，リニアモデルに限界や問題があることは，主に製品開発に関する既存研究において少なからず指摘されている。それにも関わらず，SNモデルはリニアモデルを前提としているがゆえに，SNモデルを採用することで，リニアモデルの弱点がそのままSNモデルの弱点として顕在化してしまうことになる。

　なお，リニアモデルの問題を修正したモデルとしてクラインの連鎖モデルが著名であることは既に述べた。同様にリニアモデル型の開発を問題視する向きは製薬業界をはじめとして実務界でも見受けられ，早期に探索的臨床試験のフィードバックを得て臨床と非臨床のコミュニケーションを活発化させることで生産性の向上をめざす循環型モデル（田中，2009）や，TR・臨床試験後のフィードバックを基に再度TRを行う「リバースTR」によってリニアではない循環型の開発を行うモデル（副島，2020）など，修正モデルを提示した研究もある。

ところでこうした修正モデルの提起をみるに，実は SN モデルの問題は，「橋を渡さないと繋がらない構造」そのものにあるといえよう。SN モデルを巡っては，基礎と応用を結ぶリニアな構造がもたらす問題を，TR などによって架橋し解決しようとする試みが熱心に行われてきたが，これらの問題の根源は，隔たり，つまり「基礎」と「応用」を区分することそのものにあると考えられる。すなわち，SN モデルを採用する限りは，いかに巧みに TR やモデルの修正を行ったとしても，基礎と応用を区分する構造に起因する問題は恒常的に起きるはずである。

　SN モデルの問題点として，他にも，適応可能な業界が限定的である点が挙げられる。そもそも SN モデルが医薬品業界における活用を念頭において作られたモデルでもあるため，医薬品のように元来よりステージゲート式に研究から上市までを繋げていくことが当然視された業界，換言すると過去の経験上リニアモデルを採用しても一定の成果が出ることが期待できる業界では，有効なモデルとして機能してきた。しかし，たとえば工学や IT のように，技術と事業の関係性がリニアでなく不確定である傾向の強い業界では，SN モデルは適応困難になる。「不確定性」が存在する，つまりどのようにニーズとシーズが結合されるのかに関する見通しが不透明な状態では，SN モデルの有効性が損なわれる可能性が高いが，不確定性は製品開発において恒常的に出現し得る（渡部，2020）。そのため，不確定性が高い状態での製品開発においては，SN モデルの運用はより困難になると考えられ，SN モデルが運用可能な条件は，業界によっても大きな制約を受ける。

「アカデミック・エンゲージメント」モデル

　以上二つのモデルを総合すると，大学の役割は，AC モデルのように知識を特許として企業に移転して利益を得るような，商業化を志向した私科学（private science）を担うか，あるいは，SN モデルのように基礎研究をはじめとして研究開発の初段階を担うといった公科学（public science）を担うかに二分されているといえる。大学が担う科学の役割にグラデーションが存在するのである。こうした二分法を超えて提起されるモデルが，「アカデミック・エンゲージメント（academic engagement, AE）」モデルである（Perkmann et al., 2021)。パークマンらは欧米を中心とした産学連携研究を総括的にレビューすることを通して，実際の産学連携活動が既述の二つのモデルの区分にはとどまらず，より多様であることを示し，そのうえで，その多様性を統合的に表現すべく，AE 概念を提唱した。

　彼らは AE 概念を提唱し発展させていくうえで，いくつかの問題を提起している。たとえば，産学連携において AC モデルを採用した場合，大学は特許を取得するが，特許は知識移転の観点からは移転障壁となるため，社会全体では知識の公開性が毀損され，イノベーションの遅滞を招く（Fabrizio, 2006）。商業化のためには特許取得が必須であるが，知識移転の観点からは特許取得にもまた問題が生じるのである。また特許を取得する研究は基礎領域よりも応用領域に偏る傾向があり，大学全体でみて基礎研究が行われなくなる可能性が高く，これは科学界にとっても損失であるとパークマンらは主張する。このように，AC モデルが「大学を企業化させていく」営みであると解釈できることに対して，大学はあくまで科学界への貢献をめざして科学研究を行うのであって，論文の発表を通じた科学的貢献や，即時的には商業成果に繋がらないとも考えられる基礎研究を行うべきであるという主張が，AE モデルにおいては強調されている。

　こうした問題意識を背景にしながら，AE は次のような特徴を有することをパークマンらは示している。AE は，大学・企業・官公庁など，複数の組織が関与する活動である。また AE は，TLO 等が扱う領域に比べると，より広い学術領域を扱う。AE は関わる個人の特性，組織的文脈，制度的文脈が影響することによって形成され，研究生産性，研究アウトプットの質，商業成果，教育成果，社会経済的インパクトなど，多元な成果を同時に生み出すことができ，大学や企業に経済的意義をもたらすことが実証的に示されている。経済成果に加えて AE は研究に関する資源の動員に正の相関をもち，AE は学術研究に補完的である。つまり，AE は純粋な科学研究および特許の取得にはじまる企業的な活動など，多元な活動を内包することによって，多元な成果をもたらすことができ，かつそれらの多元な活動および成果は，互いに相乗効果を有していることが予想される。

　パークマンらは上述のような AE の特性はあくまで仮説の段階であるとし

ているいっぽうで，産学連携を題材とした実証研究の分析を通じて，AEに
関する説明変数についての文献レビューも行っている。彼らは個人・組織・
制度の三つのレベルに分けて既存研究の説明変数について論じてはいるもの
の，既存研究の多くは個人特性への注目に偏っており，組織および制度への
検討は比較的に乏しい。特に正の影響を及ぼす個人の特性として，男性であ
ること，職位の高さ，過去の研究生産性が挙げられており，制度的要因とし
ては，応用領域であることが正の働きを示している。パークマンらの文献レ
ビューの段階では，どういった要因がAEの成果を導くのかについてはまだ
不透明な部分が多い。

　ここで，AEモデルと，ACモデルあるいはSNモデルとの相違点につい
て確認しておく。まず，知識の扱いに関する違いである。ACモデルは明確
に知識移転を想定しているが，AEモデルは知識移転というよりは知識共創
である（Rossi, Rosli, & Yip, 2017）。つまりAEは，大学から企業に知識を移
転するのではなく，複数の組織によって知識を共創する営みであると捉えら
れる。なお，SNモデルが移転なのか共創なのかについては一概に決定でき
ないものの，ある知識を基礎から応用にリニアに引き渡すという点で，知識
移転の側面が強いといえる。次に，大学の活動に対する志向性である。先述
のようにACモデルでは，商業成果に繋がるような応用研究を行うことが奨
励される。しかしSNモデルとAEモデルでは，大学の強みでもある基礎研
究に従事することの意義が強調される。このように，大学ではどういった研
究を行うべきかという規範に対する考え方が，各モデルにおいては異なって
いる。ただ，AEモデルでより顕著な成果を挙げているのは応用領域である
点には留意すべきであろう。すなわち，大学がただ基礎研究に従事し続けた
としても，AEモデルが想定するような多元な成果が一概に得られるとは限
らないのである。

　これらの相違点の結果として，AEモデルには他モデルにない優位性が見
出されている。すなわち，学術成果か商業成果かという二者択一ではなく，
どちらの成果も享受することができ，さらには二者どころか，教育成果や社
会経済的インパクトといった他の効果すら得ることができる点である。AC
モデルやSNモデルを採用した際に陥りがちな，基礎か応用か，学術か商業

か，といった区分化や取捨選択を行わずとも多元な成果が得られることは理想的ともいえ，その点で AE モデルは他のモデルにはない優位性をはらむモデルであるといえよう。

　しかし，AE モデルには明らかになっていない理論課題も存在する。端的に述べるならば，そのような理想的な成果を享受することはどのようにすれば可能となるのか，というプロセスに関する検討が未熟な点である。AE モデルでは，学術・商業・教育・社会貢献といった多様な成果を希求することによって，結果的に多様な成果が得られたり，AE が学術研究に正の影響をもたらすことが強調される。しかし，そのように多面的に成果を得ることは直感的にも容易ではない。先述のように，AE の提唱者であるパークマンらは，AE はまだ仮説の段階にある概念であると認識しており，現時点での説明変数も，個人に注目したものにとどまっている。このように AE 研究においては，現状では優れた個人の能力が AE という優れた成果を導く，というトートロジカルな説明にとどまっているともいえ，既存理論を補強する AE を達成するメカニズムの解明が必要である。

　この問題を解決するうえでは，既存の AE 研究では個人単位に比して蓄積が乏しい，組織あるいは制度単位での分析が有効であり得る。なぜなら，多元な価値基準や行動理念がコンフリクトをもたらしながらも両立をはたすという AE の骨子に関しては，本書が扱ってきた制度ロジック多元性の文脈で，組織あるいは組織間連携を題材として，少なくない研究が重ねられているからである。こういった研究をふまえると，研究者個人へのフォーカスにとどまらず，特に組織あるいは組織間レベルでの視点から産学連携を検討することは，AE 研究のさらなる発展と深化に寄与できるはずである。

　また本章では，個々の役割が決定する過程に焦点をおく。多様な成果を享受するという結果を導くためには，個々の組織が協働の中でどういった役割を担うのかを明らかにする必要がある。先述の三つのモデルに沿うならば，AC モデルでは，大学は応用研究に従事し，SN モデルでは基礎研究に従事する。AE モデルではそういった括りでの，組織が担うべき役割を明確には示していないものの，応用研究の方が AE モデルに適うことが示唆されている。こういった，大学の役割がどのように決定するのかという視点から，多

様な成果を導くプロセスを明らかにしたい。

3　事例：産学連携プロジェクト

　本章で題材とする産学連携プロジェクトは，X大学の医学研究科と，製薬企業Y社が協働して行われ，プロジェクトを通じたミッションとして「新薬の創製」を掲げる有期のプロジェクトである。プロジェクト開始以前および開始後に作成された公式文書内を参照すると，プロジェクトの具体的な目標として「トランスレーショナル・リサーチ」を実現することが掲げられていた。以下の発言からも，プロジェクトでは当初，大学は基礎研究を，企業は応用研究を行うという明確な分業がめざされていたことが窺えた。つまり，このプロジェクトは当初は，典型的なトランスレーショナル・リサーチを伴うSNモデルを念頭に置いて，新薬の創製を志向していたのである。

　　「（企業は）探索を極力縮小して，大学からもらってきたことを種に応
　　用開発していこうというのが強くなってきたわけです。」

　　　　　　　　　　　　　　　　　　　　　　　　　　　　　　　—X大学研究者

　しかし，基礎-応用軸の分業を念頭に置きプロジェクトが進行していく中では，そうした体制下ではミッションが達成されないという懸念が生じていた。その主たる原因は，大学と企業とが，新薬の創製において思ったよりも「距離」があったことであると考えられる。

　　「大学の若手の人達が提案してきた創薬について，Y社の創薬技術を
　　組み合わせればうまくいくやろうくらいのものだったんですけど，なか
　　なか大学のサイエンスで薬作りまでいけるようなものっていうのは，数
　　は多くはないですよね。」

　　　　　　　　　　　　　　　　　　　　　　　　　　　　　　　—X大学研究者

　以上の発言のように，大学における基礎研究の成果のうち有望なものをピンポイントで創薬に適応していくという，当初描かれていた，SN モデルに基づいた活動が難航したのである。

　SN モデルによる創薬が難航した理由の一つとして，基礎研究における研究の志向性は必ずしも創薬を見据えておらず，そういった志向性の差異から生じるギャップが予想以上に大きいことが挙げられた。特に，大学側の参加メンバーは医学研究科に属する研究者であり，従事してきた基礎研究が必ずしも創薬を念頭に置いた研究テーマにはなっていないため，そういった研究シーズを創薬という応用に繋げることは，思いのほか困難が伴う営為であったのである。

　このように SN モデルに基づいた創薬の見通しが難航したために，プロジェクトの途中で何度か，研究体制が変更された。変更には組織構造のみならず，イノベーションモデルや関わるプレイヤーの改編も伴っていた。その変革の代表が，臨床医学研究のプロジェクトへの編入と活用であった。創薬における「臨床」の立ち位置は，当初はイノベーションプロセスの最終期にあたる，臨床試験の場としてしか捉えられていなかった。つまり，基礎から始まった研究が応用へと橋渡しされ，スクリーニングが進行した創薬候補の化合物について臨床試験を行うことが，臨床のもつ一番の役割だとみなされてきた。

　しかし研究大学である X 大学では，臨床という位置づけをされる部局においても，科学研究が行われていた。プロジェクト関係者は，臨床における科学研究が創薬に貢献する可能性に着目したうえで，研究資金を提供することを条件としてプロジェクトに臨床研究者を組み込んだのである。その結果，臨床における研究を端緒とした創薬研究が，プロジェクトを通して最も創薬に近づいた研究，すなわちイノベーション創出が最も促進された研究となった。

　具体的には，臨床の強みでもある患者細胞へのアクセスやそれによって得られた臨床データを活用して，既存薬の効果を検証するモデルを開発し，それを基に企業研究者が病態に関連する「メカニズム」を特定し，既存薬が効かない患者へのアプローチを導出するといった過程を経て，プロジェクトの

限られた時間の中で，ある研究テーマを，プロジェクト期間内に臨床試験段階まで到達させることができた。第4章で述べたように，創薬には通常9~17年と非常に長い時間がかかるため，有期のプロジェクト内で創薬を達成することは現実的でない。いっぽうで，臨床の研究を端緒として生まれた研究が，創薬プロセスとしては終期にあたる臨床試験段階まで進んだのであった。つまり，SNモデルに基づいて始まったプロジェクトが思うように進行しなかったため，途中でイノベーションモデルと関与するプレイヤーを改編したところ，臨床を発とする研究が，最もイノベーションプロセスが進行した研究となったのである。

　その過程では，基礎から応用へと繋がるリニアな関係ではなく，以下の発言のように，臨床研究での発見を起点として基礎研究・臨床研究・企業研究に携わる各プレイヤーが，次段階以降の役割をそれぞれ規定し，イノベーションを漸進させていく体制がとられた。

　　　「オーソドックスにメカニズムがX大学，創薬がY社っていうわけではなくて，薬やってサイエンスが動き，サイエンスに基づいて他のサイエンスが動くっていうモデルが出てきた。」

図表 5-1　プロジェクトにおける創薬プロセス

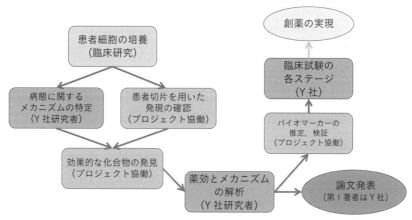

出所）プロジェクト関係者から提供された公開資料をもとに筆者作成

—X 大学研究者

　また，Y 社から派遣された企業研究者が第一著者となって論文を公開するなど，私科学と公科学の境界も混淆していたことが窺えた。

　ここで，上述のインタビューの抜粋において述べられたようなプロセスのモデル図を，図表 5-1 に示す。匿名化のため具体的な疾病などは伏せているが，実際にプロジェクト内で創薬プロセスが進行した研究が，どのようにプロセスを進めたのかについて図示したものである。モデル図における矢印は時系列の関係を示しており，イベントが生じた時間の順に，矢印で結んでいる。プロジェクト内では「臨床試験の各ステージ」までは進行したものの，創薬の実現には至っていないため，矢印の色を薄くしている。また，チャートの括弧内は，そのイベントを主に担った行為主体を指している。

4　理論的考察：分化と形態形成

　前節で述べられたように，プロジェクトの初期においては SN モデルに則った分業が想定されていたものの，イノベーションを希求する中で各々の役割が混淆・複雑化し，さらに必要なプレイヤーを他領域や学外からも探索し，プロジェクト体制を変化させていった。その結果として，既存の創薬では試験段階でのみ役割を有していた「臨床」が，医師・患者・企業など様々なプレイヤーが関与するがゆえに，科学研究を行いながらも患者にアクセスしやすく，創薬に有用なサンプルやデータの提供元として有用であることが判明し，プロジェクトにおいて大きな役割を果たしていた。

　以上のような発見事実からは，まず「分業の境界」が当初から大学と企業で明確に規定されたままイノベーションが進むのでなく，創発的な過程を経て段階的に境界が決定されていくことが示唆される。すなわち産学連携においては大学・企業という立場から先験的に役割が決定するのではなく，各々の有する資源や制度ロジックに影響される形で，各々が従事すべき役割が規定されていくのである。

このプロセスは，細胞がそれぞれの器官に分化するという構図に近似できるという点で，この役割の決定プロセスを「分化（differentiation）」と表現する。本章でいう分化とは，発生学において，細胞が当初は未分化な状態から，個々の器官細胞に「分化」していくことを意味する。なお，序章をはじめとして扱ってきた，経営組織論における分化概念との混同を避けるため，本章で分化と表現する場合は発生学の分化を意味し，次章以降では後述する「形態形成」とセットで「分化・形態形成」と表現することとする。

　分化の具体例を考えてみよう。たとえば細胞は初期状態においてはどのような機能や形質を有し，どの器官細胞になるかが決定していない。しかし，経時的に分化が進行することで，肝臓や骨といった細胞に変化するのである。事後的にみれば全く別物にみえる肝臓と骨は，実は当初は同じ細胞であり，分化によって異化されることで，あたかも元来から別個のものであると認識されるようになる。これをイノベーションにおける科学研究に当てはめてみると，基礎／応用という類型はあくまで事後的に決定された，分化の結果なのである。決して，研究の初期あるいは研究以前から根源的に別のものなのではないと考えられる。

　この，未分化な状態から，経時的に分化し，個々の形質が決定されるという分化の特性を，本プロジェクトのプロセスに当てはめて考えよう。すなわち，SNモデルやACモデルで鍵概念となる基礎／応用研究とは，実は事後的に分化したものであり，科学研究とは本来は未分化な状態で，ニュートラルに存在するものだと捉えることができる。よりプリミティブな科学研究の段階では，アウトプットが論文なのか特許なのかということが先験的に決定されているわけではない。もちろん行為主体が当初から論文発表をめざすか特許取得をめざすかを決めているというケースはあるものの，科学研究自体は，元来はどこにも分類できないニュートラルなものなのであり，イノベーションプロセスが進行するなかで，行為主体が影響を受ける制度ロジックや資源依存のパターン，イノベーションの段階に応じて，私科学あるいは公科学といった形態に「分化」していくのだと理解される。

　また，分化のプロセスは，各々のプレイヤーが有する資源を基に決定される，経路依存性の強いものである。いうなれば，企業研究者が応用研究ばか

図表 5-2　ニワトリの形態形成

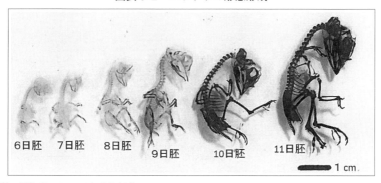

6日胚　7日胚　8日胚　9日胚　10日胚　11日胚　　1 cm

出所）齋藤（2016, p. 150）より転載

り携わるのは，科学研究そのものの性質に起因するのでなく，企業研究者が
アクセス可能な資源，組織の文脈，埋め込まれた制度などの影響から決定し
ているのである。本章の事例においても，イノベーションを達成するうえで
注目すべき資源—たとえば患者細胞—が引き金となり，大学の役割が分化さ
れ，他のプレイヤーの役割や，知識の公開の可否，その後に従事する研究の
内容などが決定していくのである。このように，分化は経路依存的に進行し，
分化の連続の結果としてプロジェクトの最適化がなされ，イノベーション達
成が導かれる。この構図は，生物学における「形態形成」に近似したプロセ
スである。
　「形態形成（morphogenesis）」とは，「生物の発生において，類似の細胞の
増加による単純な集合ではなく，新しい組織や器官の分化とその成長により
生物固有の形づくりが進行する過程をいう（日本大百科全書）」。図表 5-2 は，
ニワトリの胚が形態形成されていく様子を連続写真に収めたものである（齋
藤, 2016, p. 150)。形態形成の特徴として，ニワトリとしての「全体のかたち」
は，分化の連続によって形成されるという点が挙げられる。すなわち，ニワ
トリ全体は，既に形成された骨や各臓器が集合して形成されるのではなく，
分化を繰り返すことによって，段階的・創発的に形成される。この連続性は
遺伝子にプログラムされていると考えられており，産学連携プロジェクトに
おける遺伝子とは，いうなればプロジェクト全体の構想やミッション，保有

する資源である。それらが全体をデザインしながら，他者との協働という環境要因によって輪郭，すなわち組織が形成されていくという点で，産学連携は「形態形成」のようにイノベーションを達成していくと表現できる。形態形成は「ドミノ倒し」に例えられることがある。最初に倒されるドミノのような「初手」が決定することによって，次の段階の分化が生じ，その分化がまた次の分化を誘導していく。その分化の連続によって，生物は形態形成される。このような形態形成の動態を念頭に置くと，図表5-1に示した本プロジェクトの進行は，形態形成との類似点が多く見受けられるといえる。

　産学連携プロジェクトの進行を，分化および形態形成というメタファーを用いることの意義は，次のものが挙げられる。まず，初段階において役割を明確に規定することによって，かえってイノベーションが進まなくなる問題を解消できることである。本事例においても，基礎と応用を明確に区分したことが，かえって橋渡しの不良を招いていた。なお，SNモデルのように，最初期の段階で所与の構造が既に決定しているとする考え方を，発生学においては前成説（preformation theory）とよぶ。前成説は18世紀頃において根強く支持されていた考え方であり，たとえば人間の精子のなかには，「ホムンクルス」とよばれる微小な人間が既に宿っており，そのまま成長していくと考えられていた。前成説が発生学において誤りであることは，現代では周知の事実である。しかしその誤りも，直感的には信じるに足ると思えても仕方がない，必然的錯認といえるだろう。人間というかたちが「何物でもないもの」から始まり，ドミノ倒しのように徐々に形成されていく，と捉えるよりかは，最初から人間のような小さなものが，人間のかたちのままだんだん大きくなっていく，と考えるほうが，直感には沿っているようにも思える。しかし本章では，産学連携を捉えるモデルとしても，前成説のような捉え方ではなく「分化・形態形成モデル」が有効であると主張する。

　分化・形態形成モデルは，既存モデルが抱えていた問題，すなわちACモデルやSNモデルにおいて前成説的な立場から先験的に役割を決定することが招いていた問題を解決する示唆をはらむ。さらには，AEモデルにおいて明らかになっていなかった点，すなわちどのようにプロジェクト内の多元性が確保できるのかについても示唆されている。つまり，プロジェクト全体を

創発的・漸進的に進行させることによって，フェーズごとの「最適解」を各プレイヤーがつど担っていくことになり，その結果として多様性が確保され，多様な成果を享受するにいたる。本事例においても，臨床で発見された有用な資源を基にして，企業研究者が基礎研究（と事後的に認識される研究）に従事し，その結果として企業研究者が学術論文を発表したり，論文を発表しつつも創薬プロセスを前進させることができていた。

　初段階において明確な分業を行うことは，ミッション・計画の明示化には寄与するが，その反面柔軟な役割設定を阻害し，コンフリクトの顕在化を招く。いっぽうで，ただ無軌道に未分化状態を放置すれば，形態形成が達成されるわけでもない。「ドミノ倒しのように，予め設計されたパターン」に従うことによって，多様な成果を享受しながらプロジェクトを進行させることが可能になる。これが，分化・形態形成モデルの含意である。

5　本章のまとめと課題

　本章では，産学連携を推進するうえで最適なイノベーションモデルについて考察し，特に各プレイヤーがはたす役割に注目した。既存理論の検討として，有力視される三つのモデルを分析し，それらがはらむ問題点について指摘した。そして事例研究を通じて，「分化・形態形成」モデルが，既存のモデルの問題点を克服し得る有力なモデルであることを示した。本研究の貢献は，このように既存理論において支配的であったモデルについて検討し，それらの問題点を修正する新規性のあるモデルを提示したことにある。特に，先験的に役割を決定することが前提となっていた，前成説的なモデルに対して修正を試みた点は，既存理論に対する貢献となる。

　なお本章の結論に対して，いくつかの限界や問題点も存在する。まず，プロジェクトの初段階においては SN モデルなどの協働体制が採用されることにも，一定の意義があることは考慮されなければならない。特に AC モデルと SN モデルは，社会において高い正統性が認められたモデルである。産学連携は第4章で述べたように公共性が高いため，行政など公的機関を含めて

「外部に対して説明できる」ことが重要視される。本事例で当初トランスレーショナル・リサーチを扱うことにしていたのも，SNモデルに依拠していたのも，もちろんそれらが成果を生むために有効だと考えていたこともあるはずである。ただ同時に，それらが社会的に正統なモデルであったという点は見逃せない。既に社会で確立されたモデルを採用することが重視されるのは，制度論の見地からしても当たり前のことでもある。

　対して，分化・形態形成モデルが成立するためには，各々の役割が初期的に未分化な状態でなければならない。それは同時に，予測可能性が非常に低く，ゆえに他者にプロジェクトの見通しや成功可能性を説明できないことに繋がるため，正統性の欠如を招きかねない。「役割というのはプロジェクトの進行につれて分化していくものであるので，最初は何をするか決めていません」と説明しても，ステークホルダーはなかなか納得しないであろう。分化・形態形成モデルは，初期において他者に説明できないという，制度論としては非常に重大な問題を抱えているのである。そのため本事例では，初段階では正統性の高いモデルを標榜し，進行につれてモデルを変化させていくといった対応がとられた。より正確には，正統なモデルが機能しなかったために，ピボットしてモデルを変えたのである。初期に未分化であるがゆえに不確実性が非常に高く，ゆえに他者への説明理由が乏しくなってしまうことで資源動員が困難になることは，分化・形態形成モデルの問題点であるといえる。

　また，分化と形態形成は，発生学ではある「パターン」に収束すると考えられている。創発的に形態形成が進行するとはいっても，「ニワトリの形態」そのものは遺伝子にプログラムされており，そのプログラムに従って分化が進行し，連続し，形態形成がなされる。発生学のメタファーを援用するのであれば，できるだけ概念の含意を丁寧になぞるべきであろうから，この「遺伝子」「プログラム」が，イノベーションモデルや組織間連携では何にあたるのかも検討すべきであろう。しかし，産学連携においてこうしたパターンがどういったものか，どんな類型化が可能か，といった議論は本書においてはほとんどできておらず，今後の研究の余地をおおいに残している。分化と形態形成にとって「パターン」の存在はきわめて重要な研究課題であり，本

章の主張を補強するためにも解明が必須である。

　次に，本章の主張が通用する境界条件を考察する。産学連携は，一般的には国や産業の特性差が大きく影響する。しかし資金調達における正統性のために初期では一般的なモデルを採用するものの，実働においては大学と企業の協働によって未分化な状態から役割が分化していくという主張は，法制度や産業特性を超えて，普遍的に産学連携に対して適用できる可能性があると考える。

　このように，いわば正統なモデルと分化・形態形成モデルとの脱連結を伴いながら，現実では少なくない組織間連携が分化・形態形成のように進行しているのでないか，と仮説を提示することはできよう。但し，本事例における臨床のような，「未分化な状態」の確保は必要条件となる。分化・形態形成モデルのポイントは，未分化な状態から分化することにある。逆にいうと，既に分化が進行し，基礎／応用という役割が固定されてしまっている状態では，分化・形態形成モデルは有効でなくなる可能性がある。臨床現場においては，そういった固定化があまりなされておらず，ゆえに分化と形態形成が成功裏に行われた。このように本モデルは，プロジェクトの状況に左右される，経路依存性の影響を強く受けるモデルであることに留意する必要がある。

　経路依存性に大きく影響するのが業界差である。製薬業界も大きく変わりつつあるものの，製薬業界では比較的に役割を固定してもプロジェクトが成立する，前成説的なモデルが通用する状況にあるといわれてきた。但し前章においても述べたように，製薬業界も従来のモデルから生み出されるイノベーションが飽和してきたために，イノベーションモデルの転換が求められてもいる。また，医療機器業界やIT業界では，創発性を加味した「ゴミ箱モデル」的な製品開発が従来より行われてきた。業界差があることは留意したうえで，それが時代や国によってもかなりバリエーションのあるものである点は，注意が必要であろう。

　最後に本章の課題として，臨床という鍵概念への検討が不十分であることが挙げられる。臨床という存在を検討するうえで欠かせないのが，「場」の概念である。臨床が分化・形態形成モデルにおいても肝となる根拠は，医療者と患者が地理的・物理的に近接し，日々コミュニケーションを行い，さら

には医療者が同時に科学者として科学研究も行っているという，「入会地」としての環境の豊かさが存在することにある。つまり臨床がイノベーションモデルにおいて重要だと考えるならば，そこに行為主体や資源，多様な制度が入り組んでいる「場所性」についての考察が必須であろう。そこで次章では，この「場所性」についての検討を進めていく。

注
(1) スタンフォード大学 TLO ウェブサイトより，2020 年 12 月 15 日取得。なお，スタンフォード大学自身は技術移転オフィスを OTL（Office of Technology Licensing）と呼称している。
https://otl.sites.stanford.edu/sites/g/files/sbiybj10286/f/otl_overview_fy18_1.59.44_pm_1.pdf
(2) 特許庁ウェブサイトより，2021 年 3 月 1 日取得。
https://www.jpo.go.jp/toppage/links/tlo.html
(3) UNITT.（2019）.「大学技術移転サーベイ 2018 年度版（2019 年度発行）（概要）」より，2020 年 3 月 1 日取得。
https://unitt.jp/survey/patent/

付録：ノンテクニカルサマリー

　この章では，イノベーションにおいて科学と事業がどう接合するかという，イノベーションモデルについて検討しています。かつ，対象は産学連携に絞っています。大学と企業という，より区分化が明確で異質な組織同士が連携するにおいて，相応しいイノベーションモデルはどのようなものであるかについて検討することで，科学と事業の関係がより深く検討できるからです。既存の産学連携活動においては，大きく三つのイノベーションモデルが提起されてきました。特に近年注目を集めるのがアカデミック・エンゲージメントモデルで，このモデルにおいては，大学は事業化のみならず，学術的貢献，教育成果，社会貢献など，多様な目的を同時に達成することができます。しかし，どのような過程を経ればそういった多様な成果の享受が達成できるのかは，あまり明らかになっていません。

　本章で扱った創薬をめざす産学連携プロジェクトの事例では，当初はいわゆるリニアモデルに近いモデルが採用されていました。製薬業界では最も正統なモデルです。大学の科学研究のうち有望そうなものを企業側が見つけ出して事業のレールに乗せれば，何か優れた創薬候補がみつかるだろうという目論見が当初はありました。しかし，この正統なモデルがなかなかうまくいきません。大学と企業には思ったよりも考え方やものの見方に隔絶があったこと，などが原因と考えられました。

　両組織のメンバーらはこの問題に気づき，途中から採用するイノベーションモデルを変更します。それは，企業側のメンバーがときに学術研究にとりくみ成果として論文を発表したり，大学側の臨床現場でニーズを発掘してくるといった，従来で考えられてきた分業とは異なるものでした。しかし，この転倒したモデルに則って進めた研究シーズが，結局のところプロジェクトを通じて最もフェーズが進行したのでした。

　この事例で採用されたモデルは，きわめて創発的，つまり計画外の要素が強く，なにか有望な進展があってから都度それぞれの役割を決めていくというものでした。これを本書では，初期では何の臓器になるか決まっていない細胞が，発達に合わせてそれぞれの臓器に「分化」し，結果的に生物としてのかたちを「形態形成」していくことになぞらえ，分化・形態形成モデルと呼称しました。このモデルからは，事前の分業があまり有効ではない場合の，創発性の重要さが示唆されています。

第6章

同床異夢の成立
——協働スキームの創造

> 「共生の論理は、排除の論理とは対峙する。それはまた『移行の論理』、
> すなわち『〜から〜へ』の論理とも異なる。非生命系の世界から生
> 命系の世界へ、市場システムから非市場システムへではなくて、両
> 者のバランスのとれた共生こそ重要である。」
>
> 「一般に、不均質な要素からできたシステムの中でこの種の秩序（個
> の自由の上に立つ秩序＝筆者）ができるためには、要素が多様な内部
> 自由度を持ち、その多くの自由度のうちのある部分を協力しあって
> 拘束することによって、他の多くの自由度を開放することができる」
>
> ——清水（1990, p. 273）を引用した佐藤（1991, p. 30）

1 理論的背景と問題意識

前章では科学と事業の関係に密接にかかわるイノベーションモデルについ
て検討した。本章では、ここまで議論されていないトピックについて扱う。
ひとことでいえば「場」の概念である。つまり、制度複雑性に組織が対処す
るうえで、いかなる場を形成すべきかという大枠の問いに基づいて、事例の
分析を行う。かつ、本章の焦点となるのは、場を構築するための「スキーム」
である。イノベーションモデルはより科学と事業の関係にフォーカスしてい
るのに対して、スキームは、関与するプレイヤーやステークホルダーの役割

や指揮命令系統を規定するものである点に違いがある。「場」を読み解くため，英語文献ではspaceやplaceといった語彙で表現される文献を，先にレビューしていく。spaceやplaceとひとくちにいっても，おそらくはこれらの文献を既に理解されている方でなければ，今ここに何が書かれているかの理解は難しいであろう。そのため，本章の鍵となるspaceやplaceといった概念から，丁寧に説明していく。

場所性とイノベーション

　これらの議論の原典とみなされるのがTuan（1977）である。トゥアンの論考は，分野としては（人文）地理学などで引用されてきた。つまり「地域性」，固有の地域，特定の地域に起きる事象の分析枠組みとして用いられてきたのである。そのようにトゥアンのアイデアを地域性にフォーカスして用いるのであれば，正直なところ本書の文脈とは関係がない。ではなぜわざわざトゥアンの論考に触れるのかというと，のちの「場」の議論に繋がる源流となっているからである。

　spaceとplaceが意味するものは，比較的直訳に近い「空間」や「場」と訳することができる。但し，この二つの単語のニュアンスは異なっている。トゥアンは野生動物の「縄張り」を例に挙げる。spaceは，いわば外敵を入れないようにする「座標的な区域」である。対してplaceは，縄張り内の「価値」を内包する。生き物は自分の縄張りを，食べ物や水，安心，子孫をつくるなどの価値を感じ，発揮できる場所として捉えている。ある区切られた物理的空間を，座標やモノとして注目するのであればspace，内包される価値に着眼するのであればplaceと表現する。つまり，あえて訳するのであればspaceは「（物理的）空間」，placeは「場」と表現できるであろう。人文地理学では，この空間と場は厳密に区別して用いられる概念である（大森，2021）。大森によると，空間はより抽象度の高い概念であり，行為主体がそこに具体的な意味付けや価値の付与を行うことによって，場として解釈されるようになっていく。なお以降は上記の訳語を用い，spaceとplaceをまとめて称する場合は本書におけるオリジナルの呼称として「場所性」と表記する。

　さて，ここでなぜわざわざ場所性を取り上げるのか。次に，制度とイノベー

ションを扱った研究のうち，鍵概念として場所性を挙げる研究についてみてみよう。Suwala, Pachura, & Schlunze（2022）は「地理性をマネジメントする」と題するように，場所性がイノベーションにとっていかに重要であるかについて述べている。このような議論が起きる理由は，科学と事業が交錯し，コンフリクトをうみながらもイノベーションを創出する際に，場所性を無視する方が無理がある，という考えが根幹にあるからであろう。

　イノベーション研究において「場」と切り離せない概念がある。「エコシステム」である。エコシステム概念の潮流とその整理については木川（2021）が詳しく，また本書の直接の課題ではないため割愛するものの，エコシステムは明らかに「物理的空間」や「場」を意識した概念であり，場所性の研究との接合の潜在的な可能性が高い。あるアイデア，人物，人工物が存在さえすればイノベーションが起きるわけではない。シリコンバレーであるとか，特定の大学のラボであるとか，場所特殊な性質を帯びた空間が背景にあるからこそイノベーションが生まれるのだと，場所性を重視する見地からは捉えるのである。エコシステム研究が隆盛するのはまさに，場所性がイノベーションと切り離せないと考えるからであろう。

　経営学においても，場所性を制度論の枠組みから論じた研究は，Perkmann et al.（2018）をはじめ一定数存在する。同時に注目すべきは，「場」は経営学，特に日本語の経営学において長らく注目されてきた概念であるという点である。おそらく最も著名な研究は伊丹（2005）であろう。榊原ほか（2011）は，イノベーションの創出において，科学と事業が交差する学会などの「場」が重要であることを示している。なお榊原らは場と関連する概念として「共有地（commons）」に注目している。場と対になる（訳されることのある）語彙はcommonsやfieldなど複数挙げられ，かつそれぞれニュアンスが異なることにも注意が必要である。ほかにも山口（2006）は，イノベーションをうみだすための鍵として「共鳴場」を挙げる。こういった研究は，Tuan（1977）に始まる場所性に関する研究を引用はしておらずとも，同様に場所性の重要さを強調する研究群であるといえるだろう。

　これら研究は，帰納的な観察や調査の結果から場の重要性を説くか，あるいは演繹的にイノベーションを推進する構想を編み出す過程から場という結

論に行き着いている。そして場をめぐる議論において見過ごされがちなのが，場を生み出すことができていればイノベーションが創出されるという結論に対して，いかに場を形成していくのかというプロセスに関する検討である。場をめぐる議論は，「協働を達成する場があれば，協働が達成される」というトートロジーに陥りやすい。イノベーションをめざす組織間連携にとって場が重要であるのならば，そういった場が形成される条件については丁寧に考察がなされなければならない。

場のためのスキーム

　本書では，場を生み出すための前段階としての「スキーム」に注目する。本書での用語の使い分けは次のようになる。イノベーションにせよ制度複雑性にせよ，最終的に「場」が成立すれば，コンフリクトが生じたとしてもイノベーションの持続的な享受が可能となるであろう。問題は，ではその場はどうやって形成されるのかにある。組織間連携によって場が生まれることが最良の結果だとして，その場を生み出すための初期段階に着目することには大きな意義がある。そこで本書では，組織同士が連携をする際に，最初期の組織構造のあり方や分業の方法，枠組みを規定する「スキーム」の創造に着眼することで，場を生み出す初期条件について考察するというアプローチをとる。

2　研究設定：ベンチャー企業と協働スキーム

　本章の事例においては，ベンチャー企業というプレイヤーが登場する。これまでの事例では対象が匿名化されているものの，登場する企業はおしなべて「大企業」に属する企業であり，本章のみ，ベンチャー企業が対象となっている。ベンチャー企業であるがゆえに，何が変わるといえるだろうか。まず，ベンチャー企業は保有する資源が乏しいため，社会の多元な要求に対してすべてに応えることが難しい（横山・後藤・金井，2017）。特にソーシャルベンチャーや大学発ベンチャーは，社会性や大学の科学ロジックの影響を受

けやすいため，根源的に制度複雑性に晒されやすい。そのため，ベンチャー
企業は本書が掲げる主題にとって適合的な題材である。

　さらに本事例では，ベンチャー企業が大学研究者と協働を通じて関わりあ
う。ベンチャー企業は，大学といかに関わりあうだろうか。ベンチャー企業
と大学とが関係をもつ代表例が大学発ベンチャーである。大学発ベンチャー
は90年代から米国を発祥として実務的関心が高まり，同時に学術研究も増
加しており，近年に至るまで山田（2015）や横山らの関連研究が蓄積されて
いる。また大学発ベンチャーにおいては，大学で生まれた研究成果をシーズ
として起業するケースが一般的であるとされる（横山ほか，2017）。つまり，
大学発ベンチャーが「大学」発ベンチャーたる必然性は，リニアモデル的な
発想に基づいて，大学が知識創造過程を担うことにあると考えられてきた。

　いっぽうで，大学発ベンチャーの創生と成長において大学が担う役割は，
シーズとなる知識の創造にとどまらない。たとえば，大学はアイデアの源泉
であるのみならず，製品開発のレイトステージにおいても重要な役割を果た
す（Rubin, Aas, & Stead, 2015）。また，Shah & Pahnke（2014）は，大学が起
業において担う役割は，知識創造，起業家教育および資源と環境の整備の三
つであると整理し，知識創造以外の側面に注目する必要性を強調している。
このように，大学はシーズとなる知識創造にとどまらず多面的な役割を担う
ことが指摘されてきた。こうした指摘は，先験的に役割を固定化することに
疑義を呈する本書の指摘と合致している。

　ベンチャー企業の特殊性は，組織としての不確実性が高く，制度複雑性に
遭遇する可能性が高いことに集約される。よって，ベンチャー企業は大学と
いった他の組織との協働を模索するにおいても，自社内に解決策や情報を有
している可能性が低い。であるからこそ，いかなる協働のスキームを構築す
るのかが重要度を増す。ここで改めて，スキームという語について定義して
おこう。先行研究ではBartunek（1984）のように，認知と構造の二元論に
則ったうえで，スキームという語彙を認知的・解釈的な枠組みのみを指して
用いることがある。本書では，主体が自身らの解釈の枠組みに則りながら，
組織間連携の「絵図」を描くこと，すなわち認知枠組みに則りながら組織間
連携の役割分担，連携システム等の構造を構築することを指して，広義にス

キームという語を用いている。

　本章が題材とする産学連携プロジェクトにおけるスキームの具体的なイメージとしては，Ankrah & AL-Tabbaa（2015）のモデル図（p. 401）がわかりやすい。アンクラーらは，産学連携を俯瞰したうえで典型的なスキームを描き出した。アンクラーらの定式化において注目できるのは，スキームの決定が，協働の意思決定後に行われるという点である。つまり，ベンチャー企業と大学が協働するにおいても，先に協働することが決まってから，「泥縄」的にスキームを決定するということが起きるのである。これは，不確実性が高い組織間連携ならではだといえる。本章の事例においてはこうした解釈に則りながら，協働するベンチャー企業と大学研究者らが協働の初期においていかなるスキームを構築したのか，またその際に制度複雑性にいかに対処したのかについて検討していく。

3　事例：ベンチャー企業と大学の協働

　本章での対象事例は，X大学に所属する建築学の大学研究者とベンチャー企業Y社との共同研究プロジェクトである。Y社は，住宅ビルディング事業を営むベンチャー企業S社が，新規事業のIT事業（住宅の購入や建築以降の詳細な履歴を残すためのアプリケーション開発）とスマートホーム事業（住宅向けIoTデバイスの開発）を事業分社して設立したベンチャー企業である。新事業創造の過程で大学と連携することを模索し，結果的に大学系VCのZ社から投資を受け，大学研究者との共同研究プロジェクトを実施することが決定した。なお匿名化していることを含め，やや複雑な事例であることが推察されるので，理解を促進できるようイメージ図として図表6-1を作成した。

　事例選択のうえで，この共同研究プロジェクトはベンチャー企業のY社が大学研究者のスズキ氏と行う産学連携活動，つまり組織間連携であり，その創生期においていかに制度複雑性に対処したのかについてデータを得ていることから，本事例が研究課題に対して適切である。分析にあたって事例の概観を把握するために，タイムラインを作成した（図表6-2）。Y社は設立後

図表6-1　対象事例のイメージ図

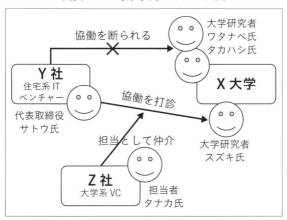

出所）筆者作成

図表6-2　対象事例のタイムライン

年月	出来事
a 年 7 月	S 社設立
b 年 8 月	S 社から事業分社して Y 社が設立
b 年 9 月	Y 社が大学研究者との協働を模索
b 年 10-11 月	大学研究者スズキ氏との協働をめざし Y 社・スズキ氏・Z 社の間でミーティングを重ねる
b 年 12 月	Y 社が Z 社から資金提供を受けることが決定する

出所）筆者作成

　早い段階から大学と連携することを模索し，研究者を探索した結果，大学研究者のスズキ氏との共同研究を行うことに合意し，Z 社からの資金調達を達成した。次節では，この設立から資源動員までの過程に焦点を絞って，研究課題について検討する。なお，匿名化のために，「年月」「日時」欄における年表記を a〜d 年としている（a＜b＜c＜d）。

記述の文体

　本章では，各主体の視点や解釈を記述するために，記述の文体として「告白体」と「写実主義」を使い分ける（Van Maanen, 1988）。次項以降では，Y社の共同研究者であるスズキ氏がサトウ氏と出会い，協働を模索するまでの時期を主に扱い，一人称的な記述の文体である「告白体」を用いる。またその次の項では主にサトウ氏および一人称の人物がスズキ氏と出会い，共同研究プロジェクトの当事者同士による協働が本格的に開始した以降を記述し，そのために三人称的な記述の文体の「写実主義」を用いる。

　告白体は，写実主義と対をなす文体であり，フィールドワーカーの視点から，自らの感情が揺さぶられた現場での経験を記述する文体である（高橋，2020; Van Maanen, 1988）。写実主義は，フィールドワーカーの存在をできる限り記述から消し，理論的な課題と結びつけて記述することを主眼に置く（Van Maanen, 1988）。

　こうした文体の使い分けは，制度複雑性への対応に伴う各主体の視点や解釈を記述に織り込み，より適切な記述を行うために，以下の二つの点から有効であると考え，採用した。まず，本章の研究に関わった筆者の共同研究者のうち1名が主体的にプロジェクトの生成に関与していたため，参与観察を含めた一人称としてのデータが充実しており，そこで得られたデータや経験を活用することで，記述のリアリティを高めることができる。次に，告白体だけでなく，写実主義による記述も行うことで，理論的な枠組みに基づく研究者のさらなる解釈を重ねることができ，より多面的・重層的な記述を行うことができるからである。告白体は，写実主義の記述をベースに著者が自らの経験を省察しながら記述していくことが多い（e.g., クンダ，2005）。そこで本事例においても，まず写実主義での記述を先に行い，その後，写実主義の記述をベースにして，参与観察の経験を共著者間で対話しながら，告白体での記述を行った。

　本節の事例記述では，Y社がどのように大学研究者スズキ氏と共同研究を開始したのかについて，大学系ベンチャーキャピタル（VC）であるZ社から投資を受けることが決定するまで，つまり投資案件として資金調達が確定

するまでの過程を記述する。先述の通り，前半の記述は告白体で，後半の記述は写実主義で行う。なお，告白体における「私」とは，プロジェクトに主体として関与した人物を指し，筆者と同一人物ではないことに注意を要する。

事例記述：告白体

　b年3月某日，私の研究上の知人であるヤマモト氏は，所属先のX大学への寄附をサトウ氏に打診すること，および，X大学の寄附講座の研究員に私を雇用することを提案してきた。私は，この提案に当初乗り気ではなかった。対話を続ける中で築いてきたサトウ氏との関係が変化してしまうことを恐れたからである。私は，経営学を専攻する大学院生であった時にベンチャー企業の経営者であるサトウ氏と出会い，7年前から対話を続けてきた。

　b年4月にX大学を訪れたサトウ氏は，ヤマモト氏から寄附の打診を受けると，翌日の朝には，寄附の意思をヤマモト氏に表明した。それに対しヤマモト氏は，S社の新規事業の展開に役立つとみなし，X大学が関与するVCのZ社を紹介することをサトウ氏に伝えた。ヤマモト氏からサトウ氏へ伝えられた内容を知り，私は，X大学に着任できたら，研究員として課せられた公式の役割である「起業家育成研究の推進」以外にも，サトウ氏とZ社の連携に何らかの貢献をしたいと考えた。

　S社からの寄附受入をX大学が承認し，私のX大学への着任日はb年8月に決まった。Z社の投資部長のタナカ氏をサトウ氏に紹介するため，着任日の前日，S社の東京オフィスを訪問した。サトウ氏とタナカ氏がお互いの事業内容を紹介し，1時間半の面会を終えた。オフィスを出るとタナカ氏の興奮が私にも伝わってきた。タナカ氏は，サトウ氏の事業構想に興味をもったようであった。

　私がX大学に着任した月の8日には，S社からの事業分社によってY社が設立された。Y社は，Z社以外のVCからの資金調達の交渉も進めており，Y社の設立前後にサトウ氏は多くのVCを訪問していた。サトウ氏やタナカ氏とやりとりする中で，資金調達の期限が12月であること，および，X大学の研究者との共同研究契約の締結がZ社からY社への投資を検討するための前提条件になることを認識できた。

人工知能（Artificial Intelligence: AI）や機械学習の研究者を探してほしいというサトウ氏からの要望を踏まえて，私は，まず，情報学，特に，AI分野の研究者を探し，ヤマモト氏の紹介でAIの理論研究に取組むワタナベ氏の研究室を訪問した。しかし，ワタナベ氏の研究室訪問後，メールを送ったが，返信が届くことはなかった。その後も，私は，X大学のシンポジウムに参加し，サトウ氏の要望に合う情報学分野の研究者とのマッチングを模索した。

　X大学のシンポジウムで出会った情報学の研究者のタカハシ氏は，サトウ氏との面談の実現のために日程調整をしていた私に，9月16日のメールで「事業は素晴らしいのだろうと思いますが，研究的要素をみつけるのは別問題ですので，知恵のいるところだろうと思います」と教えてくれた。このメール後にもサトウ氏とタカハシ氏との日程調整を私は何度か試みたが，結局，サトウ氏とタカハシ氏の面談は実現しなかった。12月の資金調達の期限を見据えて，私は，この段階で別の研究者も探す必要があると考えた。

　私は，ワタナベ氏やタカハシ氏とのコンタクトがうまくいかなかった理由を考えた。まず，ワタナベ氏の研究室は，研究開発法人からの研究資金を獲得しており，資金が潤沢であったこと。次に，タカハシ氏は，年度末にX大学を退職することが決まっており，後任に紹介するための明確な理由，すなわち，学術的な魅力を求めていたこと。最後に，最も重要なこととして，私がワタナベ氏やタカハシ氏の研究内容をほとんど理解できず，サトウ氏の事業とどのように繋げられるかについての提案が全くできなかったこと。これらの理由から交渉の糸口さえ見出すことができず，学術性と商業性を両立しようとする以前の大きな壁となったのである。

　こうした反省を踏まえて，私は，情報学分野の研究者の探索と並行して，サトウ氏の要望と異なる建築学分野の研究者のスズキ氏とのコンタクトも試みた。スズキ氏の研究テーマが，サトウ氏によるS社の住宅事業と適合的であると感じたからである。サトウ氏の関心は，中古住宅の価値を評価するための仕組みづくりにあった。そのための手段が，住宅の購入や建築以降の詳細な履歴を残すアプリケーション開発である。サトウ氏の要望と異なる分野であるにもかかわらず，スズキ氏とのコンタクトを試みたのは，スズキ氏

の研究内容であれば，サトウ氏の事業構想との繋がりを私にも認識できるかもしれないと考えたからである。

スズキ氏の研究内容をサトウ氏にメールで伝えたところ，Y社の事業内容と異なるため，いい反応は得られなかった。サトウ氏は，家づくりのためのアプリケーションと住宅デバイスの開発という事業内容から，情報学分野の研究者との協働が必須であると考えており，建築学は関係が薄いと思っていたのであった。

それでも，スズキ氏が私との面会に応じてくれることになったため，10月2日にX大学で会うことにした。サトウ氏に断られたとしても，大学発ベンチャーに興味を持ってくれた研究者としてZ社に紹介できれば，今後に繋がると判断したからである。加えて，スズキ氏のホームページで紹介されていた研究内容は，サトウ氏の対話から私が感じ取っていたサトウ氏の「住宅の履歴を残す」という事業構想と適合すると認識したからである。

スズキ氏は，私に研究内容を三つ紹介してくれた。寺院などの非住居と住居空間の融合，時間経過を活用した住宅の改修法，住宅に住む人びとの経験についてのインタビューである。スズキ氏の研究内容を聞いていて，サトウ氏の事業内容と適合するかどうかと関係なく，私はスズキ氏の研究内容に興味を抱いてしまった。特に，スズキ氏のインタビュー法は，私の大学院生時代の所属研究室で用いられていた方法と重なると感じたからである。私がY社の事業内容を伝える中で，スズキ氏は，家の中で人がどう動いていくか。人の動作レベルで記録できるとすればすごく面白い，と教えてくれた。これが実現できるのであれば，スズキ氏はこのプロジェクトにコミットしてくれるに違いない。この面会中に私はそう感じた。

スズキ氏との面会が終わると，すぐに面会記録をタナカ氏に送付した。送付後，私は，Y社への投資に向けたサトウ氏との面談を終えたばかりのタナカ氏と電話で話した。電話で私は，スズキ氏の研究内容はとてもいいと感じたが，サトウ氏に納得してもらうのは難しい，ということを伝えた。家の中での動作を記録する機会の提供が，スズキ氏のインセンティブになることはわかった。しかし，同時にスズキ氏の研究が，どのようにサトウ氏の事業構想の実現に寄与するのかをサトウ氏に伝えなければならない。

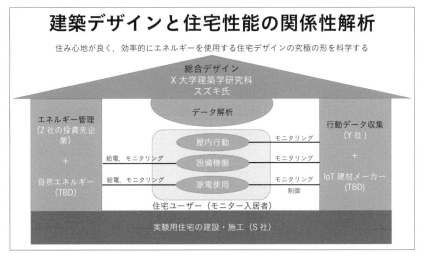

図表6-3　スキームのイメージ図

出所）プロジェクト内で用いられた資料より，匿名化したうえで転載

　そうすると，タナカ氏は，共同研究の（筆者注：スキームの）イメージを図示するように伝えてきた。私は，共同研究プロジェクトの目的，共同研究プロジェクトで解決すべき課題，Ｙ社，スズキ氏の研究室，Ｚ社，私の役割などを記した図を作成し，タナカ氏に送付した。

　タナカ氏は，私の作成した共同研究の図を元にして，図の改訂版を私に送付してきた。１頁目には，共同研究プロジェクトのテーマと全体像が記載され，２頁目には，共同研究プロジェクトにおけるスズキ氏，Ｓ社，Ｘ社，Ｚ社の既存の投資先企業のＡ社による，役割分担と成果がリストされていた。タナカ氏は，サトウ氏・スズキ氏ともに了承しやすいだろうと述べた。図表6-3は，実際に資料として用いられた図を匿名化したものである。

　タナカ氏は，翌日の10月３日に，この共同研究のイメージ図をサトウ氏にメールで送付した。タナカ氏は，Ｙ社の事業内容にフィットする共同研究先を探索するのではなく，スズキ氏に対して，イメージ図に記載したような共同研究を提案してはどうかとサトウ氏に伝えた。つまり，共同研究の相手先の分野を情報学から建築学に変更すること，および，共同研究の内容は，Ｙ社側からスズキ氏に提案することを打診したのである。

　10月4日に，サトウ氏から了承した旨の返信があった。この返信後，サトウ氏とスズキ氏の第1回ミーティングが10月18日にスズキ氏の研究室で行われることに決まった。このミーティングで，共同研究のイメージ図をスズキ氏にみてもらうことが，私たちの間で確認された。

事例記述：写実主義

　Y社のキャッシュフロー上の制約から，12月に開催されるZ社の投資委員会までに投資が承認される必要があった。サトウ氏とスズキ氏は，タナカ氏の立会いの元，10月18日にスズキ氏の研究室で最初の顔合わせを行った。結論を先取りすれば，Z社の投資委員会でY社への投資は承認された。以下，本項では，10月から12月の間に開催された3回のミーティングを経て，投資の意思決定に至ったプロセスを記述する。

　第1回ミーティングはスズキ氏の研究室で行われ，Y社の設立経緯や事業構想がサトウ氏からスズキ氏に伝えられた。住宅ビルディング事業を営んでいたベンチャー企業S社が，新規事業であるIT事業とスマートホーム事業を事業分社する形でb年に設立したのがY社である。

　Y社は新事業創造の一環として，「スマートホーム」に関連した新規事業を行いたいと考えていた。スマートホームとは，家の中の電化製品をインターネットでつないでスマホや音声でコントロールしたり，センサーやGPSで自動コントロールすることで快適な暮らしを実現する住宅であり，スマートホーム事業に際しては必要なIoT技術を住宅に導入することが必要である。スマートホームに関する技術は大別すると「デバイス」と「管理システム」の二つからなっており，デバイスとは，スマホで遠隔操作できる照明やロボット掃除機など，住宅内で実際に稼働するモノを指し，管理システムとは，デバイスをコントロールする情報システムを指す。

　Y社は当初，スマートホーム事業にあたって，住宅のオペレーティングシステムや管理できるアプリなどの管理システムを開発することをめざしていた。より具体的には，会議で以下に述べられたように，IoTを活用して災害時の情報把握を行えるサービスを提供するといった事業構想を有していた。

「中古住宅の耐震性のみえる化ができたりとか，新築にお住まいの方
で，何かしらのインパクトのある災害があったときに，それをちゃんと
データとしてみることができたり（するサービスを作りたい）。」

—b 年 10 月 18 日，サトウ氏

　対して，スズキ氏は，自らの研究テーマをサトウ氏とタナカ氏に伝えた。
スズキ氏の研究テーマは，会議で以下に述べられたように，家の中で人がど
のように居住スペースを活用するのかといった居住者の「住み方」を，ヒア
リングや直接観察といった定性的な手法を通して研究するというものであっ
た。

「大きくいえば，家の中で人が暮らしていくときに，どういう動きを
してたりとか，部屋の使い方をしてるのかとか，人の生活とそれに合っ
た間取りというか，（中略）そういうところが研究対象です。」

—b 年 10 月 18 日，スズキ氏

　また，スズキ氏には産学連携活動の経験はあったものの，自身が実務家と
して大学発ベンチャーを起業するといった志向性はなく，下記に述べられた
ように，このミーティング時点では Y 社と共同研究をどのように進めてい
くかについての具体的構想はない状態であった。

「大変魅力的なことに取り組まれてるというのがよくわかるんですけ
ど，自分がそこで何にどう役立てるのかというか，自分の研究がどうか
み合うのかっていうの，まだ，私自身もわかっていないところがありま
す。」

「私，そういう共同研究しながら，しかも事業として行っていくとい
うのは，あんまり経験がなくて，（中略）今後，どういう感じで進めて
いくのかというのがあんまりイメージできてなくて。」

—いずれも b 年 10 月 18 日，スズキ氏

　しかし共同研究内容の具体性には欠けていたものの，スズキ氏はたとえば住宅設計に携わる際に居住者に対して居住経験をインタビューするなど，自身の研究活動を通じて，コストエフェクティブな住宅を作りたい，住まう人々にとってより良い住宅にしたい，という考えを持っていた。

　第1回ミーティング終了時には，今後，1か月ごとにミーティングを開催すること，および，第2回ミーティングは11月22日にY社の大阪オフィスで開催すること，スズキ氏が研究計画案を提示すること，第3回ミーティングはスズキ氏の研究室で開催することが確認された。

　第2回ミーティングでスズキ氏はサトウ氏に「センシングによる住宅建築における性能と居住者挙動の関係性の理解」という研究課題を提示した。まず，自らの研究領域の「建築計画学」とその調査手法の「住み方調査」を説明したうえで，今回の共同研究プロジェクトを「住み方調査2.0」と位置づけた。スズキ氏の研究計画案によれば，建築計画学とは，「現実社会の中で実際に行われている人間の生活の実態把握を通して，そのパターンや傾向を理解，そこにある種の法則性や因果関係を発見し，新たな設計にフィードバックしようという学問」である。住み方調査とは，「住宅内における利用者の行動や動き，部屋・場所毎の用途・使われ方，家具・物品の配置などの観察記録や利用者へのヒアリングに基づいて，その住宅がどのように使われているかを理解しようとする調査」である。

　従来の住み方調査では，ヒアリング，家具・物品の配置からの読解，直接観察といった方法で行われており，住宅全体を対象とした詳細な情報の取得が難しいとスズキ氏は述べ，センシングによる住宅全体を対象とした詳細な情報取得をめざす研究計画案を提示した。

　スズキ氏の研究計画案の説明を受けて，第3回ミーティングが12月14日にスズキ氏の研究室で行われた。このミーティングには，タナカ氏も同席している。第3回ミーティングで，共同研究プロジェクトのテーマは「センシングを利用した人の宅内行動履歴」になることが確認された。合わせて，プロジェクトのto doリストや分担を確認するための議事録には，「実証物件の確定」「戸建実験（温熱環境全館空調住宅とエアコン住宅）」「アサインメンバー」などが記載されていた。すなわち，S社とサトウ氏の同業者が実証物

件を確保すること，S社，Y社，スズキ氏の研究室からメンバーが1名ずつアサインされることが合意された。

　この数日後にZ社の投資委員会でY社への投資が承認され，投資は実行された。この意思決定の経緯については，Z社の担当者へのインタビュー調査に基づき，以下に記述する。

　Z社は大学系VCであり，大学研究者が関わる共同研究や大学発ベンチャーに対する投資を行ってきたVCである。Z社は，Y社が携わるプロジェクトに投資するか否かの判断に際して，複数の判断基準を有していた。まず，インタビューにおいて以下に述べられたように，投資による利潤の追求という基準である。

　　「モチベーションとしては，我々はそもそも投資家ですので，この事
　　業が伸びると思わなければ，投資をしようという検討をし始めません。」
　　　　　　　　　　　　　　　　　　　　　　　—d年2月7日，タナカ氏

　Z社はまず自身らが「VC」であるため，当然ながら，事業に関して投資に見合う成長性があるか否かを重要な基準としていた。

　次に，大学への貢献，具体的には研究論文に繋がるか，という基準である。Z社は大学系VCであり，大学の科学研究に貢献する必要があることも，以下のインタビューのように明示された。

　　「民間企業さんと組まなければできないような研究，そして世界の中
　　で出したことのない論文というのをそれにくっつけていくわけですけれ
　　ども，大学としても研究を盛り上げるという観点でも，それ（民間企業
　　との連携）は非常に意義深いことであると判断して，この枠組みであれ
　　ば投資の蓋然性がある，ということで（過去の投資案件については）決め
　　てきました。」
　　　　　　　　　　　　　　　　　　　　　　　—d年2月7日，タナカ氏

　Z社が投資する案件にはすべて大学研究者が関わっており，大学の研究者

の研究成果が活用できるかどうか，また研究成果が事業の成長に資するかどうかが基本的な条件となっていた。また，携わる大学研究者が論文を発表できると見込めるかどうかを重視する，また論文についても，より新奇で学術貢献の高い論文を求める，という判断基準が持たれていた。

　最後に，社会性の有無という基準である。

　　「社会的にインパクトがあるかどうか，（中略）社会目的のところも考え併せながら，まずは検討するかどうかというところを決めていくということですね。」

　　「Ｙ社さんの場合には，ご存じの通り，社会的に遅れているというか，現代化がなかなか進んでいないような事業セクターでもありますので，そこが現代化していくことに大きな社会的意義があると考えました。」

　　　　　　　　　　　　　　　　　　　　　—いずれもｄ年２月７日，タナカ氏

　スマートホームという概念は社会に登場して一定の時間が経過しており，認知度も向上しているものの，スマートホーム技術が社会に浸透しきっているわけでもない。Ｙ社が構想したスマートホーム事業においては，スマートホームを社会一般に広めていき，またスマートホーム事業を通じて住まう人々の満足度や，住宅購入後も継続的に住宅設備の品質を向上させていくという目的が設定されており，Ｚ社もその点に注目して投資案件としての検討を行っていた。このようにＺ社は，もちろん商業成果を求めることが中心でありながら，大学研究者が論文成果を生み出せるのか，あるいは社会的意義のある活動であるか，といったように大別して三つの判断基準を設定し，それらのバランスを鑑みて，投資判断を意思決定していた。制度ロジック多元性を所与とする組織だったのである。

　なお，こうしたＺ社の判断基準の多元性は，Ｚ社という組織あるいは担当者個人のみで確認できる特殊な性質であるというよりも，制度的な影響が強く反映されていると解釈する。すなわち，Ｚ社はＶＣであるがゆえに商業成果を求め，同時に大学の関連組織であるがゆえに学術成果および社会的意義を求めるのであり，これらの判断基準はＺ社が大学系ＶＣというハイブリ

ッド組織であるがゆえに，制度的にもたらされたものであると考える。

　さらに，インタビューにおいて，Z 社の関係者は，大学系 VC の投資判断の難しさとして，「民間の VC でも投資できる案件でないこと」が条件に含まれてくることを示唆していた。

> 「（大学系 VC に対する）批判がある時に，一番，急先鋒になっているのが民間の VC さんなんです。今はもう民間の VC からいわれなくなった。いわれなくなったけれども，常にそういわれる可能性があるという時に，我々の，非常に大げさにいうと，ミッションとは何だとか，立ち位置は何だということをシンプルで明確に伝えなきゃいけないというところがありました。」
>
> 　　　　　　　　　　　　　　　　　　　　　—d 年 2 月 7 日，Z 社の関係者

　こうした投資判断の難しさに関するコンフリクトは，各主体が認知的な調整のみで解消できるものではない。むしろ，産学連携プロジェクトや大学系VC に課された学術性と商業性という二つのロジックが乖離しているために，内在的に抱え込むものである。

　最終的に投資に至った役割分担と成果配分の見通しは，スズキ氏が生み出した科学知識について特許を取得し，Y 社の事業に活用するという，産学連携や大学発ベンチャーにおいて典型的とされる枠組みではない。しかし，Y社にとってはスマートホーム事業のための資金を Z 社から調達でき，かつ事業化のために不足している知識や情報をスズキ氏から得ることができ，スズキ氏にとっては，Y 社から研究費の提供を受けつつ，Y 社が設置した実験用住宅において集められたデータを解析することで，論文を発表し学術成果を生み出すことができる枠組みとなっていた。

　本プロジェクトで結果的に採用されたスキームは，Y 社にとっては事業化が，スズキ氏にとっては研究活動が促進し，その結果としてスマートホーム事業という社会に広く寄与し得る活動が推進されるものであった。また Z社としても，事業性・大学の研究の促進・社会貢献という投資案件に求められる三つの基準が充足できるという理由によって，本プロジェクトへの投資

が決定された。

4　理論的考察：制度複雑性の生成と対応

　第3節で示したように本事例では，X大学（スズキ氏）およびY社（サトウ氏），Z社（タナカ氏）との間で行われた協働が，各々の志向性の違いからくる制度複雑性に直面しつつも，資源動員を勝ち取ることに成功した。本節では研究課題に照らし合わせて，各行為主体が制度複雑性にどのように対応したのかについて考察を加える。

　本事例において制度複雑性が生成される契機は，そもそもY社がX大学に寄附を行い，同時にX大学（の系列であるZ社）から投資を受けようとしたことにある。当初のY社にとってのZ社は，ベンチャー企業の投資元の一つという認識であった。したがって，Y社の代表取締役のサトウ氏は，Z社の投資条件を満たすのに必要なX大学の共同研究者を自らで探索せず，Z社との企業価値評価の交渉に専念していた。しかし，Z社は大学系VCであるがゆえに，投資においては事業成果のみならず科学的貢献や社会貢献などの多元な要求をみたす必要があった。

　また，その見立てを認識していなかったがゆえに，当初あたりをつけた研究者から「事業は素晴らしいのだろうと思いますが，研究的要素を見つけるのは別問題ですので，知恵のいるところだろうと思います」といわれるなど，共同研究者の探索および調整は難航することになった。つまり，Y社がX大学との協働を模索したことを契機として，Y社をはじめとする各プレイヤーが，両立し難い複数の制度的プレッシャーからのコンフリクト，すなわち制度複雑性を認識するようになった。

　そこで，制度複雑性をふまえてなお，Y社との協働とそれへの投資を正統化させる組織間連携のスキームの構築が重要となった。すなわち，どのような連携体制を採用し，また制度複雑性をコントロール可能なものとしてスキームの中に受容するのか，ということが，プロジェクトにおける重要な課題となっていた。

そして，各プレイヤーの労力の多くが，図表6-3で示したようなスキームの創造に割かれていった。制度複雑性が生じていることは互いに認識しながら，複雑性の根源である多元性を受容しないと，投資は得られない。そこで，それぞれの組織の目的は達成しながらも，コンフリクトを受容可能な程度にとどめることができるスキームが成立し，資源動員を達成した。こうした過程は各組織にとって未知で創造的なものであり，Binder（2007）などの先行研究の指摘通りである。

　ではこのような解釈に則ると，本事例において制度複雑性はいつ「生成」し，「対応」されたのだろうか。研究者に協働を断られたことや，Z社の多元的な要求，互いに協働をできない可能性の認識などは，制度複雑性の生成として解釈するに十分である。そして本事例の帰結は，制度複雑性を認識すると同時にそれを受容可能にするスキームの創造が図られ，このスキームによって制度複雑性がコントロール可能な状態になった。

　つまり，本事例における制度複雑性への対応とは，制度複雑性を積極的に「解消」しようとはしない点，および異なる組織が協働して制度複雑性に対応するためのスキームを創造しようとしている点で，たとえば Dalpiaz et al.（2016）や Kraatz & Block（2008），Perkmann et al.（2018）で示された対応とは異なっている。本事例では，制度複雑性への対応とは，切り離して遠ざけるものではなく，（一時的に）コントロール可能なものとして協働体制・組織体制の中に組み込んでしまうことを意味するのである。また，構築されたスキームそのものが，制度複雑性の程度を変えてしまう。よって，本事例では，制度複雑性への対応としてのスキームの創造そのものが，制度複雑性の生成の源泉を左右し，制度複雑性の顕在化する程度をコントロールしたのだと解釈できる。

同床異夢の成立

　同時に本事例研究は，シュルツらの動的モデルをはじめとする既存理論を修正する知見を提供している。すなわち，制度複雑性の生成と対応は，動的モデルが示したようにリニアに生じるものでなく，プロセスとしてより絡み合ったものである。換言すると，協働において必然的に生じる制度複雑性は，

図 6-4　同床異夢の成立プロセス

出所）筆者作成

　それが認識されたと同時に受容可能な程度にマネジメントされ，協働に組み込まれていく。このとき，制度複雑性の認識とスキームの創造による協働の進行自体が，制度複雑性への対応となっており，またスキームの創造によって制度複雑性の生成がコントロール下に置かれるのである。このような協働スキームの創造を，同一の協働スキームにおいて異なる目的を共有するという意味で，本書では同床異夢とよぶ。図 6-4 は，本章の結論として，同床異夢が成立するプロセスが制度複雑性への対応となっていることのイメージ図である。

　同床異夢状態では，異なる行為主体が異なる目的を有しながらも，制度複雑性が受容可能な程度にスキームの中に組み込まれている。その点で，同床異夢状態における制度複雑性の生成と対応とは，スキームの構築プロセスに含有されており，個別のフェーズとしてリニアに存在するものではない。

　既存研究においては，2 種類のハイブリッドのように，パターン化された制度複雑性への対応が示されてきた。しかし，このようなハイブリッドのパターンでは，異質な行為主体同士の組織間連携を説明できない。また，近年いくつかの研究が指摘している，制度複雑性は動的であるという理論的課題に対応できない。それに対して本章では，制度複雑性を認識し，それでもなお組織間連携が成立するようにスキームを創造するプロセス自体が制度複雑性への対応になっている，という理論的アイデアを提供する。行為主体は，複雑性を認識する以前に，先験的に解決策を有しているわけではない。解決策としての組織間連携を達成するためのスキームは，複雑性に一時的に直面し

た時点から，協働を通じて生成されていく。そのための「同床」の準備こそが，制度複雑性への対応の重要な部分を占めるのである。このスキームの創造自体に全員がコミットをするわけではなく，本事例でもスキームの創造を担ったのは主に「私」とタナカ氏であった。しかし，創造主体が誰であるかに関わらず，各組織が関与し，受容可能なスキームが構築されることで，同床異夢状態は達成される。このような文脈において，制度複雑性とは「職業病」のようなものだといえる。協働と分離して生成し，排除によって対応するというよりかは，所与のものとして，受容可能な程度に体制に収めていくことで制度複雑性に対応し，協働を達成するのである。

　また，なぜ本事例で示したようなスキームの構築が有効であるのかについて，二つの論点が考えられる。まず，個々のプレイヤーにおける制度ロジックやアイデンティティなどの変容を求めないことである。個々の組織に変容を求めることは強いコンフリクトを招き，制度複雑性を顕現させる契機となる。本事例のスキームでは，特に大学研究者に過度に事業ロジックを求めないことが配慮され，と同時に企業が科学的研究にコミットし過ぎないことが留意されていた。

　次に，事前にコンフリクトの顕現の可能性を認識したうえで，そのコンフリクトが生じないような役割分担を構築することである。多くの既存研究では，一度顕現したコンフリクトにいかに対応するかという前提が置かれてきた。しかし，本章で提示される同床異夢のスキームにおいては，コンフリクトが顕現しないように適切にコントロールすることが主眼に置かれている。この点で，対応がうまくなされていればいるほど，一見コンフリクトが生じていないため，そもそも制度複雑性が無関係なようにみえる，ということが起き得る。しかし，理論的にはすべての産学連携には制度複雑性の危険が付随する。この可能性を指摘したうえでスキームの構築によって「予防」することの重要性が，本章の考察からは示唆されている。

5　本章のまとめと課題

　本章では，大学とベンチャー企業の協働を対象として，それぞれの行為主体がいかに制度複雑性に対応するのかについて，特に制度複雑性の生成プロセスに目を向けて検討した。その結論として，制度複雑性の動的モデルを支持したうえで，制度複雑性の認識と，それを受容可能なものとして協働スキームを創造し，協働を進行させること自体が制度複雑性への対応になっていることを主張した。本事例研究の主たる理論的貢献は，制度複雑性の議論に対するものである。制度複雑性の動的モデルを支持したうえで，それら研究では明らかにできていなかった，制度複雑性に対応するプロセスを提示した。すなわち，内在的に生じる制度複雑性を受容可能なものとするために，連携における新たなスキームを創造する過程，つまり同床異夢状態の構築こそが，制度複雑性への生成および対応において重要な役割を果たしていることを示した。これは，近年研究が広がる制度複雑性の生成プロセスを経験的・動的に示したのみならず，対応のプロセスについて修正・精緻化している点で，理論的貢献となっている。

　加えて過去の研究では，第 1〜2 章でも指摘したように，組織同士が協働するケースにおいて片方の組織を固定的に捉え，もう片方の組織のみを動的に捉えるという構図を採用してきた。Pahnke et al.（2015）では，VC の種別，たとえば政府系であるか，CVC であるかなどによって，VC の制度ロジックが固定され変容しないという前提において，ベンチャー企業が VC からの制度的プレッシャーにどのように対応しようとするかを検討している。このように，制度複雑性の研究においては，動的であるべきだという理論の修正があったとしても，固定的に外圧を加える存在は与件のままに，主体の動態を描いてきた。

　しかし，動的に描かれるべきは，ベンチャー企業だけではない。ベンチャー企業の外部組織として関与し，協働する大学や VC もまた，ベンチャー企業と同様に制度複雑性に直面し，それへの対応を試みる。本章で示したように，ベンチャー企業のステークホルダーもまた制度複雑性に直面し，それに対応

すべく連携のあり方を模索するのである。組織間連携における，組織「ら」による制度複雑性への対応について検討した点においても，理論の適用範囲を拡張したという理論的貢献がある。

　本章の事例記述は，方法についても独自性が見出される。データ収集においては，ベンチャー企業のみならず大学研究者やVCにも丹念なデータ収集を行い，インタビューのみならず一人称としての参与観察など，多面的なデータ収集を行った。また事例記述においても記述体を複数用いることで，各プレイヤーの目線からみた対応について丁寧に記述を行っており，これらは本研究の新規性に寄与すると同時に，制度複雑性を複数の視点から捉えるための方法としての厚みを増している部分である。

　実務的貢献について考察すると，本章の主張は，多様な組織との協働を模索するベンチャー企業にとって実務的に重要な示唆を提示している。なぜなら，制度複雑性を外部性のように捉え忌避するようなマネジメントは，制度複雑性への適切な対応にはならない可能性があるからである。制度複雑性は協働において必須のものであり，排除によって単一の目的のみを追求しようとすることは，たとえば大学との協働といったベンチャー企業にとっての有力な選択肢を狭めてしまう。

　最後に，本章の知見が適用できる境界条件について検討すると，本章において提示された論点は，ベンチャー企業に広く通じる議論となる。なぜなら，ベンチャー企業はその生成からして，ベンチャーキャピタルの制度ロジックに左右されるなど（Pahnke et al., 2015），本質的に制度複雑性に直面しやすいからである。大学発ベンチャーをはじめ，産学連携の形態をとる場合は，第4章で示したように，企業のロジックと専門家のロジック以外にも国家のロジックなどの第三のロジックが生じる可能性も示唆されている。

　本章における限界として，協働初期における資金調達までのフェーズのみを対象としていることが挙げられる。これは，単に事例として切り取る時間軸が短いという以上の問題を潜在的に抱えている。本章で指摘されるように制度複雑性が動的モデルに則り「一時的に」生じるものなのであれば，スキームを構築したとしても，いずれ再び制度複雑性が生じ得るからである。そのとき，一時的に構築したスキームが経路依存的に，二次的な制度複雑性の生

成に影響する可能性もある。「一時的な対応」がその後の協働に与える影響について考察することは，限界であると同時に今後の重要な理論的課題となる。制度複雑性は，安定期にある組織にとって，ときに内在的に，突発的に生じるものである。スキームの構築などによって一時的に対応することが可能であるとしても，いずれまた制度複雑性が生じるかもしれず，その際，一度は安定に寄与したスキームが「逆機能」として作用するかもしれない。そういった意味で，組織による制度複雑性への対応は，終わりがなく半永久的に続くようなものであると考えられる。

この章では，組織間で協働するための「スキーム」について検討しています。性質の異なる主体同士が協働するには「場」が重要だという指摘は，過去にも存在していました。そうした議論では，「結果的に醸成された場」の重要性が語られると同時に，そういった場がどのようなプロセスによって形成されていくのかについてはあまり検討されてきませんでした。本章では，場を形成するにあたって先行要因として必要な「スキーム」に注目しました。つまり関与するプレイヤー，分業のあり方，その統合の構想などを含めた「座組み」のつくり込みが重要だという立場をとっています。

本章の対象事例は，大学とベンチャー企業の協働事例です。ベンチャー企業を支えるエコシステムは近年も発展途上にあり，特に資金を提供する機関はとても多様化しています。資金提供先のひとつとして大学との関与をめざしたベンチャー企業は，ベンチャーキャピタルから，投資の条件として大学研究者との協働をとりつけるよう要求されます。ベンチャー企業は何人かの研究者に協働を打診するものの，「協働において科学研究のにおいがしない」といった理由で，協働を断られてしまいます。そこでベンチャー企業は，今まで考慮してこなかった「科学」のことを考える必要に迫られます。

企業としてめざしてきたこと「以外」も計画に組み込まないと資源が得られないということに気づいたベンチャー企業は，大学と企業，およびベンチャーキャピタルを巻き込んだ「座組み」をいかに構築するのかについて，試行錯誤しながら取り組みます。結果として，ある大学研究者と協働することが合意され，なんとか投資にこぎつけました。投資の決め手となったのは，各プレイヤーが自分たちのなりわいとしてきた役割に徹しながらも，協働を可能とする「同床異夢」という状態を達成するスキームでした。

この事例からは，性質の異なる組織が協働するときには，どちらかに同化したり，どちらかの性質を抑圧するのではなく，それぞれの特性を活かしながらも強みを発揮できるようなスキーム，およびコンフリクトを「予防」してスキームをつくることの重要性が示唆されています。

第 7 章

制度と制度ロジックの
境界と認識
——事例の理論的解釈

> 「システム境界は，システムが自己言及と他者言及の区別に基づい
> て内部的に志向しているという事実の結果にすぎない。それは動物
> の皮や羽のように客観的に固定された事柄ではない。むしろ，シス
> テムの作動を再帰的にネットワーク化することで，システム自身が
> どのような過去の作動と未来の作動とが『それ自身』として扱われ
> るべきかを認識しなければならないという事実から生じるものであ
> る。」
>
> ——Luhman（2000）を翻訳した樋口（2022, p. 94）

1 制度と制度ロジックのカテゴライズ
——問題の焦点の再確認

　本書では，複数の組織が協働するにあたって，制度ロジック多元性が活動
を阻害する程度のコンフリクトを生み出している状態，すなわち制度複雑性
に直面した際に，組織がどのように制度複雑性に対応するのか，という問い
を，一貫した研究課題としてきた。四つの事例研究を通じて得られた知見を
まとめると，以下のようになっている。

　まず第3章において，制度ロジックの境界を明確に規定し，構造において区
分するという「区分化戦略」の潜在的な問題点を指摘した。区分化戦略は先
行研究において有力な対応の一つとされてきた。しかし，区分化戦略はコン

フリクトを起こさないようにする戦略であり，起きたコンフリクトを超克して活動を前に進められるようなものではない。そして何より，科学と事業は現実において明確に区分でき得るものではないことを見逃し，純粋な区分ができると思い込むことがマネジメント層の認知ギャップを生み出すというメカニズムを明らかにした。第3章の結論からは，そもそも科学と事業とはどのくらい「区分化」が可能であるのか，という理論的な問題があぶり出された。

　続く第4章では，同じく区分化された協働として産学連携プロジェクトを題材とした。区分化戦略が主に構造に注目していたのに対し，本章では交渉過程でどのような「理由」が用いられていたかという認知的側面に注目した。本事例は大学にとっても企業にとっても「成功」と呼べるような成果を挙げており，その背景には両者にとっての均衡点を探ったうえでのルール策定があった。そしてそのルール策定の交渉過程では，科学ロジックとも事業ロジックとも異なる「第三のロジック」ともよべる論理が出現していた。「科学と事業」という二元論で語られてきたイノベーションマネジメントにおいて，それらとは異なる第三の論理が持ち出され，さらにその論理が両者の協働を推進していたという事実は特筆すべきであり，その理論的根拠としては，国家，市場，公共性など，科学や事業のロジックに「近接」した制度の存在が明らかになった。すなわち，対比された制度に依拠する組織同士が協働するとき，その二つの制度の間で葛藤するのみならず，別の論理が働いて協働を推進するという現象のメカニズムが解明された。

　第5章では，科学と事業を両立させるイノベーションモデルについての考察を行った。対象とした事例では，科学と事業とをリニアに繋ぐモデルが当初採用されていた。しかし，進捗が不調に終わったことで，敢えて科学と事業とを最初期に分業せず，有力視される科学研究が生まれてから，逐次的に分業を行っていく「分化・形態形成」モデルが確立されていた。このモデルから示唆されるのは，科学と事業，基礎科学と応用科学という境界は事後的に設定されるものであり，先験的に分業してしまうことで両者にかえって隔絶が生じるという問題である。つまり，科学か事業か，基礎科学か応用科学かという境界はあくまで事後的に設定されるものであり，それらを協働以前から区分して規定することは，かえってイノベーションの創発性を損ない，

可能性を奪ってしまうのである。

　最後に第6章では，「場」の概念を援用しつつ，協働を可能とするスキームという視点から，スキームがいかに構築されるかについて検討した。スキームの構築で重要視されるのは，異なる制度ロジックに依拠するプレイヤーが同じ場で協働する「同床異夢」をいかに成立させるかという点にあった。同床異夢状態を構築すれば，協働のコンフリクトが未然に防がれつつ，協働は推進される。他方で，制度複雑性が一時的に発生し，コンフリクトが防がれる安定期と複雑性が生じる不安的とを交互に繰り返していくものであれば，スキームが一時的にしか作用しないという理論的な問題が浮き彫りとなった。

　こうした事例研究から，本書を通した問い，つまり「イノベーションをめざして協働する組織は，いかに制度複雑性に対応するのか」について，得られた論点と答えをまとめていこう。

制度論に対するインプリケーション

　まず，制度複雑性に対応するといったときに，注目される側面は複数ある。本書で挙げられたのは組織（間）の構造と認知，採用される（イノベーション）モデル，あるいはそれを包摂するスキーム，の四つである。これらは相互に関連しつつも独立しており，どれに注目するかによって議論の焦点は異なる。既存研究では，いずれか個別の要素にフォーカスされる傾向があり，俯瞰した全体像が後回しにされてきた。それでは制度複雑性の正体は見えてこないであろう。自分と相手の視座が異なり，わかりあえないからこそ制度複雑性は生じるのであり，片側の視点だけでは決して解決を導けない。行為主体の視点のみならず，組織間の協働が，いかなる構造を以て，いかなる認知を伴い，どのようなイノベーションモデルを採用し，スキームが構築されるのか。このそれぞれの要素について考察することで，より包括的な議論が可能となる。

　次に，科学と事業の関係，特にその差異と境界である。「科学と事業の関係」といったときに，意識・無意識に関わらず，我々は両者を対置された関係として捉える。本書も例外ではない。つまり制度複雑性を描出するために複数の制度ロジックを定義する際には，真逆で，矛盾していて，わかりあえない関係だということを言外に前提してしまう傾向がある。注意すべきは，こう

した理論的な区分と純化は，理論的な考察としては必要であり，間違っているわけでもない。しかし現実の世界はそうした演繹的な前提に反して，科学と事業はより不可分で入り混じったものになっている。分けられないはずのものを分けてしまった認知ギャップによる問題が生じることもあれば（第3章），一見して関係のない第三のロジックによって両者が繋がれることもある（第4章）。その境界は曖昧で，創発的かつ事後的に決定されるものでもある（第5章）。これらから導ける示唆は，科学と事業という二元論を用いることを演繹的に肯定したとしても，現実世界におけるその境界はきわめて曖昧で可変的・動態的だということである。

　そして問題の所在は，現実の活動における境界自体が可変的・動態的であることよりも，それを認識せずに制度（ロジック）を論じることにある。科学という制度も，事業という制度も，時代や国によってその意味内容は微妙に変動し，制度の姿は刻々と変化もしているはずである。その実態を捉えずして，理念型としてあまりに端的に描かれ，対立構図におかれた二つの制度ロジックを措定すること，そしてなにより現実世界がそのように単純化されて区分できると仮定することが，そもそもの問題の発端なのである。

　他方で，では科学と事業は不可分で一体なものであるので，二分法が間違っていると考えるのも早計である。それぞれが純化された存在であると仮定しているのは，経営学研究者だけではない。現実における組織も，そうした二分法を採用はしている。大学は科学者として，企業は事業者として，それぞれのアイデンティティを以て，制度に依拠して活動をしていることも，また事実である。ただそれらの活動は，通常時において他者と特別な対比をしているわけでも，互いに差別化を意識しているわけでもない。科学が科学として存在するのは事業が存在するからではないし，その逆も然りなのである。つまり，通常それらの組織は対となる存在を意識して，差異を際立たせているわけではない。ところが，協働をなすために性質の異なる組織とふれあった途端に，当事者も観測者も，差異を強く意識してしまう。この点を見逃して純化された組織的対応をとることは，本書で挙げたような失敗に繋がる危険がある。そうした文脈では，「同床異夢」のスキームを構築することが有力な対応の一つである（第6章）。

2　多元性と対立構図の不可分な関係
——必然的な〈二元論の罠〉

　このように本書の主張を省察すると，本書の制度論に対する最大の貢献であり，かつ制度論として今後検討すべき論点が明らかになる。つまり，制度あるいは制度ロジックのカテゴライズに関する問題である。本書の論理構成じたいがなんだか「マッチポンプ」であるということも自覚したうえで，実はそもそも「多元性」を措定すること自体に理論的な危険が含まれるのである。ラトゥールの純化概念を援用するまでもなく，二項対立によって分析しようとすることは，必然的にその差異や矛盾，対立のみをフォーカスしてしまうことに繋がる。サウアーマンらも，既存の制度ロジック研究は二者を対比することに重きを置きすぎたせいで，両者の共通項についての検討を看過していると主張する。彼らがそのように主張した文献において題材となった二つの制度ロジックが，産業科学（industrial science）と学術科学（academic science）であることも興味深い。Perkmann et al. (2018) をはじめ科学と事業とを対置する研究が多いなか，サウアーマンらのように，科学のなかのグラデーションとして「科学寄りの科学」と「事業寄りの科学」とを峻別する研究も存在している。ここから導けるのは，結局のところ現象に対して境界を置き，線引きをし，理念型を措定するのは，かなりの程度研究者の恣意によるといえる点である。それは分析のために必要な作業でありつつ，丁寧に，注意深くなされないといけない。なぜならば，そうやって純粋な理念型をつくろうとすること自体が現象の分断を生み，対立構図を強調し，「両者がいがみ合っている」「矛盾している」ことを疑いなく前提してしまうからである。

3　制度を論じる制度論へ
——「制度そのもの」への回帰

　このように考えてみると，既存の制度ロジック研究の問題点が改めてみえてくる。つまり，制度ロジック研究は，対立する制度ロジック同士がコンフリクトを引き起こしているということを「研究上」強調するために，あるい

はそうした意識すらなく，あまりに当然のように二項対立を用いてしまっているのである。そして第1章でふれたように，少なくない制度ロジック研究は，制度ロジックそのものをほぼ定義も検討もせずに分析の俎上にのせている。ある特定の「制度」に，特有の「論理」があるということを，あまりに安易に仮定し，そのうえで「対立する論理」を描き出しているのである。

　これらが問題であるならば，ではどういった切り口での解決が可能だろうか。本書が提起するのは，制度ロジック研究は，そもそも「制度」についてもっと綿密に論じなければならない，という，当たり前といえば当たり前の指摘である。科学ロジックなるものと事業ロジックなるものがあるとして，それらがコンフリクトを起こすというなら，そもそも科学と事業とはどういった関係にある（あった）のか。科学と事業の関係についての一般論としての普遍的な考察も必要であると同時に，科学と事業の関係は国や時代によって大きく変容し得るものでもあるはずであるから，そういった「局所的」な文脈も無視はできない。だとすれば，制度論とはマクロな視点を欠かせない，ときに歴史的といえるほどに時間軸の長い視座を以て行われるべきもののはずである。

　社会科学の研究として制度ロジックを用いるのは理念型を導くことが目的であり，それは実践を説明できている必要がないと考えることもできる。しかし，科学という制度と事業という制度がそれぞれのロジックに従ってコンフリクトが生まれているというのであれば，現実世界の実践における科学と事業について考察することは不可避である。それにも関わらず，少なくない制度論研究は，マクロな文脈を無視して切り取った組織（ら）を対象に，安直な二項対立を以て対立構図をあてはめ，アドホックになされた対応を「組織の戦略」として描く，という方式で「研究を量産」しているのである。過激な批判ではあろうが，でもなければ，論文ごとに出所も怪しく定義もなされない「制度ロジック」が題材となるわけもなく，なってはいけないはずである。

　こうした反省に基づくと，これまでの制度論研究は，あまりに「制度」を蔑ろにしてきたのでないか。「制度」そのものがいうまでもなく制度論の中核概念であること，そして制度そのものを論じることを看過して，「制度○○」

といった派生概念を提唱し，それを用いた研究を蓄積することに主眼が置かれてきた。ただでさえ制度論がわかりにくいのならば，それに加えて「制度的企業家」「制度の働き（制度的ワーク）」「制度ロジック」…といった派生概念が次々と勃興すれば，よほど量産される研究一つ一つに注目していないと，というよりかはそのトレンドを生み出す流れの中にいて，流れを生み出す側に加担していないと，とても理解が及ぶものではないだろう。制度を脇に置いた制度論における「研究の隆盛」は同時に，「部外者」にとっての理解し難さをも生んできたはずである。

　出典を明記できないよもやま話で恐縮ながら，こういった話を耳に挟んだことがある。とある「制度○○」なる「バズワード」を生み出した著名な研究者が国際学会に出席していた。批判も含めて関連研究が量産された，制度論においては著名な概念である。学会の歓談の場で，その著者は臆面もなく話していたという。

　　　　「『制度○○』はもう古いね。これからは『△△』だよ」

　ここには，トゥーリッシュの『経営学の危機』において批判されたような，研究の量産と概念の濫造との共犯関係がたしかに存在する。制度ロジックもその一環であるという批判も，一理あるものとして受け入れなければならない。なお日本語文献に目を向けると，桑田・松嶋・高橋（2015）のような，制度論のそもそも論を骨太に論じる研究も少なからず存在していることを付記しておく。

　しかし同時に，制度ロジック研究には大きな意義もあることを強調すべきであろう。既に述べたことの繰り返しも含まれることを承知で，改めて制度ロジック概念の意義を確認しておきたい。まず，制度論において長らく議論と興味の対象であった社会化過剰・過少問題である。この問いについて考えるうえでは，「制度を参照したうえでの論理」という解釈はこの二項対立に答えを与え，止揚するものである。科学者が，科学ロジックに従って，学術的貢献をすべく論文を発表し，個人の興味に基づいて研究テーマを選ぶことが，能動か受動か，社会から抑圧され同調したものか，自身の意思のみで切

り拓いた境地なのか，問う必要性がどこまであるだろうか。むしろ描かれる
べきは，制度を参照し同型化することによって科学や事業のロジックに依拠
するようになった行為主体が，他の異なる制度からの要求を受けたり，何ら
かの独自性を生み出すために，つまりイノベーションを創出するために複雑
性に直面し，それを超克しようとする過程こそが，制度ロジック研究が対象
とすべき問題であると捉える。

　ただ繰り返すように，そういった制度ロジックの含意と意義を発揮させる
ためには，まず制度に立ち返った丁寧な議論が求められる。もし，組織「の
み」を説明するために安易な二項対立に基づいて制度ロジックを設定したと
しても，それは制度論の研究としては不十分である。なぜそれらは二項対立
するのか。本当に対立しているのか。科学と事業の関係は，どのような経緯
からそれら組織に影響を及ぼすのか。そういった組織をとりまく「そもそも
の制度」に目を向けることこそ，本書の制度ロジックおよび制度複雑性に関
する研究を通じて明らかになった論点である。

　なお，本書には限界も多々残されている。まず，科学と事業が生み出す制
度複雑性について検討するうえでは，制度そのものに対する理解の深耕が重
要であるといっておきながら，本書において科学と事業の関係を紐解いた箇
所は一部に過ぎない。本書の意味するところでの科学と事業の関係を描いた
良書としては，ローゼンブルーム・スペンサー（1998）や榊原ほか（2011）
が挙げられる。これらが良書たるゆえんは，行為主体とその関係にとどまら
ず，「スキーム」や「モデル」に視点を拡張している点，産業や業界といっ
たマクロな視点を含有している点，十分な長さの時間における関係を観測し
ている点，である。ただこれらの文献は，制度論の研究として書かれたもの
ではない。こうした科学と事業の関係についての丹念な，「イノベーション
の現場に行き，おもな担い手たちに会って，取り組みの経緯を問う，まさに
泥臭い研究」（榊原ほか，2011, p. 174）が制度論のレンズを通してなされるとき，
科学と事業の関係から生じる制度複雑性に関する研究の素地が揃うといえる
だろう。そうした今後の展開は，本書の課題としておきたい。

分断の時代における
組織の論理
――結論と今後の課題

> 「分断の時代に，時に異なり矛盾さえする価値を追求する者たちが，
> 単独では成し得ない共通目標を創造し，それを達成することを通じ，
> その成果の分配として各自の利益も獲得できるという組織の論理と，
> 経営者の役割を研究することに，組織科学の一つの重要な貢献があ
> ると信じる。」

――桑田（2021, p. 75）

1　なぜ複雑性は生じるか――本書の要旨

　本書の最後に，改めて本書の要旨と意義をまとめよう。本書では，イノベー
ションをめざして協働する組織が，制度複雑性に直面したとき，いかに組織
的対応を行うかを一貫した研究課題としていた。このとき論点として，組織
の構造と認知のあり方，イノベーションモデル，協働のスキーム，という四
つが考えられ，それぞれについて事例研究を通じて考察を加えた。理論的貢
献としては，制度ロジック研究が二つの制度ロジックの対置を強調しすぎて
いることの何が問題であるかについて詳説し，指摘した。制度ロジックの析
出，第三のロジックの道具的活用，分化・形態形成モデル，同床異夢スキー
ムの構築の提示からは，そうした対置にとどまらず，それらの境界の動態・
交錯を考慮すること，あるいは他の制度の存在も加味して二者の関係を考察

する必要性が示唆された。そのように制度複雑性を捉えたとき，制度ロジックについて考察するとはすなわち，制度そのものについて論じることを避けられない。本書の提言として，かつ限界として，今後の制度論研究には制度そのものについての深い検討が求められるという結論が導かれた。ここからは，本書のインプリケーションを，やや意訳したかたちで論考していきたい。それはいくぶんの厳密さ（rigor）を失ったものではあり得るであろうものの，同時に適合性（relevance）を含んだ考察となるだろう。

　現代は分断の時代だといわれる。分断はどうやら厳密に定義された学術用語ともいえず，バズワードに類するとも考えられるものの，本章冒頭の桑田（2021）の論考は分断を解釈するための重要なヒントが込められている。分断とは，ある二者（以上の集団）が明確な線引きをして分かたれたときに生じる。分断に際して何らかの境界が設けられ，互いに違う集団だということが明示される。その集団同士が，敵対し，互いを攻撃し損害を与えれば自分たちの利益になると考え—なおこの考えは往々にして誤解や錯覚にすぎない—，それによって相手への攻撃が正当化される。自らを正統とみなし，相手の非正統性を喧伝する。これが分断である。筆者の専門外であり，真偽を判定する能力が十分にない分野の知見であることを先に断っておくが，ルワンダにおけるツチとフツの民族対立は，分断の先鋭化した例であろう（see 鶴田，2008）。かつ，本書の制度複雑性についての主張と地続きになっている問題でもある。元来は境界が曖昧で，同じ民族であるという認識すらあったツチとフツは，ベルギーによる植民地支配の結果，明確な境界が引かれ，それが民族紛争と虐殺に繋がったという。悲惨というほかない分断である。ここで，民族紛争と虐殺を科学と事業の関係に援用することには乱暴さもあることを承知で，同様に考えたい。ツチとフツの悲惨な分断をふまえると，科学と事業の関係が分断に陥ることは，いとも容易いのでないだろうか。境界が曖昧なところに無理やりに線を引いて，互いの利害対立を煽れば，分断は容易に出現するのであるから。

　「科学は役に立たない。金にならない科学は要らない」「事業などという俗なものに興味はない。科学研究に市場など要らない」…どこかで聞いたような，また一定の支持を得られそうな言説ではないだろうか。至極境界が曖昧

なものに，本来は事後的にしか観測できないような境界を先験的に引いてしまって，利害対立の構図を作れば，それはもう分断への道を歩むのみとなる。そして現代では，分断の誘惑は常に働く。仮想敵を措定し，それらを叩けばいかにも自分が良いものにみえてきて，得をするという錯覚が生じたとき，人々は分断を選ぶ。

　本書のインプリケーションとして，そうした分断の危険に警鐘を鳴らすという意図もある。便宜上二項対立として描かれる科学と事業は，決して常に矛盾するものでも，両立不可能なものでもない。元々は同源かもしれないし，境界の曖昧なものでもあるし，公共性や患者といったかすがいによって繋がり得るものでもある。二つはそのように捉えられねばならないし，何より研究上の利便性のために，それらの対立が煽られることがあってはならない。制度複雑性が生じる根源には，我々がそもそも対立構図を用いて説明するクセがあるのだ，ということは常に意識されるべきであろう。そうした頭の使い方を，「特権的に」対象を俯瞰し分析することを許された研究者は，誰よりもできていなければならない。

2　錯綜を超えたイノベーションへ

　本書はまた，イノベーションの実現に向けた示唆を提供することもめざしてきた。イノベーションとは定義からして「異種混合」で，異なるものが交差し，錯綜する場にしか出現しない。根源的に制度複雑性を抱えながらも，それらは行為主体の不断の努力によってイノベーションへと昇華される。いってしまえば，制度複雑性を克服しイノベーションを実現する普遍的な手段，一般理論など存在し得ないかもしれない。存在するならそんな問題はとっくに現実から消えていそうなものであるし，存在しないから社会科学の，経営学の，努力の余地と面白さがあるのだともいえよう。

　経営を意味する英単語の"manage"には，いくつかの意味がある。英和辞典によると，「なんとかする」「どうにか都合をつける」といった意味にも訳されるようだ。この意味は，manageにとても似つかわしいと感じる。経

営するとは，御し難く両立し難い複雑なものを，なんとかやりくりしていく営為なのだ。これはまた，イノベーションの本質を捉えたものではないだろうか。古川（2018）曰く，組織はあまねくパラドックスを抱えて活動する。組織の中には，容易に分断に繋がり得る対立構図がたくさんある。組織と個人，集権と分権，利潤と社会性，安定と変革，コストと品質，常に両立し難い要素を抱えて，「それでもなんとかやりくりする」ことこそが，組織を経営するということなのである。どこまで成功しているかは定かでないものの，本書はそうした「なんとかやりくりする」さまを描く中で，理論的な考察をめざした研究である。

　本書は一般理論も絶対的な解も，まるで提供できるものではない。しかし，制度複雑性に直面しながらもイノベーションをめざす人々への，組織を「マネジメント」する人々への一助にでもなっていれば，望外の喜びである。

3　分化する制度——今後の課題

　最後に本書の今後の課題として，制度の問題を挙げておこう。分断はイノベーションにとって最も避けるべきものであり，境界を明確に分けてしまうことの危険性については幾度も述べた。他方で，制度（を参照する集団）には特徴もある。「分化」するという性質である。それはつまり，ある程度区画された場において，特定の制度に依拠するがゆえに，分業された役割を遂行するというのみならず，アイデンティティやものの考え方などが先鋭化し，純化することを意味する。この分化もまた，制度の特徴なのである。つまり行為主体が制度に与する限り，確実に分化への道を歩む。そしてそこに仮想敵をみつけたとき，分化は容易に分断となる。

　ここにまた，組織のパラドックスが存在する。制度に埋め込まれた組織は，常に何らかの制度に分化し，安定下におかれる。しかしイノベーションのためには，あるいは環境の変化によっては，生じる複雑性をやりくりしないといけなくなる。第6章で示されたように，制度複雑性は一時的に生じるがゆえに，「とりあえず」対応すれば組織はまた安定期に入っていく。しかし，

安定期とは組織にとって分化が進みやすい時期でもある。そして，いつかまたひょんなことで複雑性は生じるかもしれない。組織は制度のなかに埋め込まれるからこそ安定する。しかし安定は分化を生み，分化された組織や部門は区分化され先鋭化していく。それによって，複雑性への直面が，常に分断の危険と隣り合わせになる。「分化と多元性」，「安定と複雑性」もまた，制度とそこに埋め込まれた組織にとって普遍的な理論課題であり，今後の研究対象とすべき問題であるといえよう。

参考文献リスト

青木昌彦（2003）．『比較制度分析に向けて』NTT 出版.

伊丹敬之（2005）．『場の論理とマネジメント』東洋経済新報社.

井上達彦（2014）．『ブラックスワンの経営学 通説をくつがえした世界最優秀ケーススタディ』日経 BP 社.

イン, R., K. 著, 近藤公彦 訳（1996）．『ケース・スタディの方法 第 2 版』千倉書房.

上西聡子（2008）．「合理性の根拠としての制度：新制度派組織論の礎となった業績に関する一考察」『経営学論集』24（3），1-14.

上山隆大（2010）．『アカデミック・キャピタリズムを超えて：アメリカの大学と科学研究の現在』NTT 出版.

大野隆之・永井洋士・福島雅典（2010）．「本邦におけるトランスレーショナルリサーチのあゆみと今後の展望」『日本薬理学雑誌』135（5），190-193.

大森寛文（2021）．「プレイス・ベースト・ブランディング概念の進化と今後の研究課題：米国クラフトビール業界の成長に着目して」『明星大学経営学研究紀要』(16)，87-106.

軽部大（2017）．『関与と越境―日本企業再生の論理―』有斐閣.

川越敏司・會田剛史・新井康平（2022）．「再現性の問題にどう向き合うか？」『経済セミナー』(726)，6-22.

川上智子（2009）．「組織のバランス分化とイノベーションの成果―大企業とベンチャー企業に関する実証研究―」『經營學論集』79，47-61.

木川大輔（2021）．『医薬品研究開発のエコシステム』中央経済社.

木下康仁（1999）．『グラウンデッド・セオリー・アプローチ：質的実証研究の再生』弘文堂.

久保明教（2019）．『ブルーノ・ラトゥールの取説：アクターネットワーク論から存在様態探究へ』月曜社.

クライン, S. J. 著, 鴨原文七 訳（1992）．『イノベーション・スタイル』アグネ承風社.

桑田耕太郎（2021）．「分断の時代の組織科学」『組織科学』54（3），75.

桑田耕太郎・松嶋登・高橋勅徳（2015）．『制度的企業家』ナカニシヤ出版.

クンダ, G. 著, 金井壽宏 監修, 樫村志保 訳（2005）．『洗脳するマネジメント―企業文化を操作せよ』日経 BP 社.

小林信之 (2005).「イシスのヴェール 純粋性をめぐって」『西田哲学会年報』 *2*, 60-83.

齋藤昂良 (2016).「骨から見える生命の神秘〜ニワトリ透明骨格標本を活用した発生のイントロダクション〜」『北里大学教職課程センター教育研究』(1), 149-157.

酒井健 (2020).「組織の正統性修復における経営者の表情—期限切れ食肉事件の比較事例分析—」『組織科学』 *53* (4), 64-78.

榊原清則 (2000).「特集『産学連携と技術創造』に寄せて」『組織科学』 *34* (1), 2-3.

榊原清則・辻本将晴・松本陽一 (2011).『イノベーションの相互浸透モデル:企業は科学といかに関係するか』白桃書房.

佐藤郁哉 (2003).「制度固有のロジックから『ポートフォリオ戦略』へ—学術出版における意思決定過程に関する制度論的考察」『組織科学』 *36* (3), 4-17.

佐藤郁哉・山田真茂留 (2004).『制度と文化:組織を動かす見えない力』日本経済新聞社.

佐藤慶幸 (1991).「共生社会の論理と組織」『組織科学』 *24* (4), 29-38.

清水博 (1990).『生命を捉えなおす 増補版』中公新書.

新宅純二郎・江藤学 (2008).『コンセンサス標準:事業活用のすべて』日本経済新聞社.

椙山泰生 (2005).「技術を導くビジネス・アイデア—コーポレート R&D における技術的の成果はどのように向上するか—」『組織科学』 *39* (2), 52-66.

副島研造 (2020).「肺癌におけるトランスレーショナルリサーチの現状と日本のアカデミアにおけるトランスレーショナルリサーチの展望と課題」『肺癌』 *60* (4), 305-313.

武石彰・青島矢一・軽部大 (2012).『イノベーションの理由:資源動員の創造的正当化』有斐閣.

竹下浩 (2021).「経営・心理学における GTA 評価基準の検討」『経営行動科学』 *33* (1-2), 1-24.

田中眞(2009).「製薬企業におけるトランスレーショナルリサーチの役割」『Journal of the Mass Spectrometry Society of Japan』 *57* (3), 157-166.

鶴田綾 (2008).「ルワンダにおける民族対立の国際的構造—1959 年 -62 年—」『一橋法学』 *7* (3), 119-156.

トゥーリッシュ, D. 著, 佐藤郁哉 訳 (2022).『経営学の危機:詐術・欺瞞・無意味な研究』白桃書房.

沼上幹 (2003).「組織現象における因果的連関・信念・反省的学習：組織の分権化を題材として」『組織科学』*37* (2), 4-16.

延岡健太郎 (2010).「オープン・イノベーションの陥穽：価値づくりにおける問題点」『研究 技術 計画』*25* (1), 68-77.

林侑輝・坂井貴行・山田仁一郎 (2022).「技術移転のハンズオン・モデル―大学発技術の上市を促進するプロセス要因の分析―」『組織科学』*55* (4), 67-79.

原田勉 (1999).『知識転換の経営学』東洋経済新報社.

治田俊志 (2007).「日本の医薬品開発におけるトランスレーショナルリサーチの役割」『Drug Delivery System』*22* (1), 36-42.

平本毅・山内裕 (2019).「認識実践の再特定化：透析治療場面のエスノメソドロジー研究」『組織科学』*52* (4), 61-72.

樋口あゆみ (2021).「組織境界の複数性」松永伸太朗・園田薫・中川宗人『21世紀の産業・労働社会学：『働く人間』へのアプローチ』5章, ナカニシヤ出版.

古川久敬 (2018).「組織行動研究の展望：パラドックスを抱えた組織と個人を意識して」『組織科学』*52* (2), 47-58.

マーチ, J. G., & サイモン, H. A. 著, 高橋伸夫 訳 (2014).『オーガニゼーションズ―現代組織論の原点 第2版』ダイヤモンド社.

松嶋登 (2017).「制度ロジックスの組織化と制度としての組織―『制度的企業家』後記―」『經營學論集』*87*, 60-69.

真鍋誠司・安本雅典 (2010).「オープン・イノベーションの諸相：文献サーベイ」『研究 技術 計画』*25* (1), 8-35.

真鍋誠司・安本雅典 (2017).「オープンの背景と分類」安本雅典・真鍋誠司『オープン化戦略―境界を超えるイノベーション』1章, 有斐閣.

宮田由紀夫 (2012).『米国キャンパス『拝金』報告』中央公論新社.

安田雪・高橋伸夫 (2007).「同型化メカニズムと正統性―経営学輪講 DiMaggio & Powell (1983)」『赤門マネジメント・レビュー』*6* (9), 425-432.

山口栄一 (2006).『イノベーション破壊と共鳴』NTT 出版.

山口栄一・水上慎士・藤村修三 (2000).「技術創造の社会的条件」『組織科学』*34* (1), 30-44.

山田仁一郎 (2015).『大学発ベンチャーの組織化と出口戦略』中央経済社.

山中伸彦 (2021).「イノベーション研究と経営合理性」風間信隆編著『合理性から読み解く経営学』10章, 文眞堂.

横山恵子・後藤祐一・金井一頼 (2017).「アカデミック・アントレプレナーシップの新展開―大学発バイオベンチャー ユーグレナ社の事例研究―」『日本ベン

チャー学会誌 Venture Review』 *29*, 13-26.

米倉誠一郎 (2012). 「オープン・イノベーションの考え方」『一橋ビジネスレビュー』 *60* (2), 6-15.

ローレンス, P. R., & ローシュ, J. W. 著, 吉田博 訳 (1977)『組織の条件適応理論』 産業能率短期大学出版部.

ローゼンブルーム, R. S., & スペンサー, W. J. 著, 西村吉雄訳 (1998)『中央研究 所の終焉』日経 BP 社.

涌田幸宏 (2015). 「新制度派組織論の意義と課題」『三田商学研究』 *58* (2), 227-237.

渡部暢 (2020). 「不確定性下における企業内研究の構想形成過程および計画と創 発のメカニズム: 花王の化粧品研究プロジェクトを題材とした事例研究」『経 済論叢』 *194* (3), 67-84.

Aguilera, R. V., Judge, W. Q., & Terjesen, S. A. (2018). Corporate governance deviance. *Academy of Management Review, 43* (1), 87-109.

AM Vermeulen, P., Zietsma, C., Greenwood, R., & Langley, A. (2016). Strategic responses to institutional complexity. *Strategic Organization,* 14 (4), 277-286.

Ankrah, S., & AL-Tabbaa, O. (2015). Universities-industry collaboration: A systematic review. *Scandinavian Journal of Management, 31* (3), 387-408.

Argote, L., McEvily, B. & Reagans, R. (2003). Managing knowledge in organizations: An integrative framework and review of emerging themes. *Management Science, 49*, 571-582.

Bartunek, J. M. (1984). Changing interpretive schemes and organizational restructuring: The example of a religious order. *Administrative Science Quarterly,* 355-372.

Battilana, J., & Dorado, S. (2010). Building sustainable hybrid organizations: The case of commercial microfinance organizations. *Academy of Management Journal, 53* (6), 1419-1440.

Battilana, J., Sengul, M., Pache, A. C., & Model, J. (2015). Harnessing productive tensions in hybrid organizations: The case of work integration social enterprises. *Academy of Management Journal, 58* (6), 1658-1685.

Battilana, J., Besharov, M., & Mitzinneck, B. (2017). On Hybrids and Hybrid Organizing: A Review and Roadmap for Future Research. In R. Greenwood, C. Oliver, T. Lawrence, & R. Meyer (Eds.), *The sage handbook of organizational institutionalism* (pp.128-162). London: Sage.

Besharov, M. L., & Smith, W. K. (2014). Multiple institutional logics in organizations: Explaining their varied nature and implications. *Academy of Management Review, 39* (3), 364-381.

Binder, A. (2007). For love & money: Organizations' creative responses to multiple environmental logics. *Theory and Society, 36* (6), 547-571.

Boden, A., Müller, C., & Nett, B. (2011). Conducting a business ethnography in global software development projects of small German enterprises. *Information and Software Technology, 53* (9), 1012-1021.

Bromley, P., & Powell, W. W. (2012). From smoke and mirrors to walking the talk: Decoupling in the contemporary world. *Academy of Management Annals, 6* (1), 483-530.

Chesbrough, H. A., & Appleyard, M. (2007). Open innovation strategy. *California Management Review, 50* (1), 57-74.

Clark, K. B. & Fujimoto, T. (1991). *Product development performance*. Boston, MA: Harvard Business School Press.

Cohen, W. M. & Levinthal, D. A. (1990). Absorptive capacity: A new perspective on learning and innovation. *Administrative Science Quarterly, 35*, 128-152.

Colquitt, J. A. & Rodell, J. B. (2011). Justice, trust, and trustworthiness: A longitudinal analysis integrating three theoretical perspectives. *Academy Management Journal, 54*, 1183-1206.

Dalpiaz, E., Rindova, V., & Ravasi, D. (2016). Combining logics to transform organizational agency: Blending industry and art at Alessi. *Administrative Science Quarterly, 61* (3), 347-392

DiMaggio, P. J., & Powell, W. W. (1983). The iron cage revisited: Institutional isomorphism and collective rationality in organizational fields. *American Sociological Review, 48*, 147-160.

Dunn, M. B., & Jones, C. (2010). Institutional logics & institutional pluralism: The contestation of care & science logics in medical education, 1967-2005. *Administrative Science Quarterly, 55* (1), 114-149.

Durand, R., Szostak, B., Jourdan, J., & Thornton, P. H. (2013). Institutional logics as strategic resources. In M. Lounsbury & E. Boxenbaum (Eds.), *Institutional logics in action, part A* (pp. 165-201). Emerald Group Publishing Limited.

Fabrizio, K. (2006). The Use of University Research in Firm Innovation. In H., Chesbrough, W., Vanhaverbeke, J., West (Eds.), *Open Innovation: Research-*

ing a New Paradigm (pp. 134-160). Oxford: Oxford University Press.

Ferraro, F., Etzion, D., & Gehman, J. (2015). Tackling grand challenges pragmatically: Robust action revisited. *Organization Studies, 36* (3), 363-390.

Friedland, R., & Alford, R. R. (1991). Bringing society back in: Symbols, practices & institutional contradictions. In W. W. Powell, & P. J. DiMaggio (Eds.), *The new institutionalism in organizational analysis* (pp. 232-263). Chicago: University of Chicago Press.

Fuenfschilling, L., & Truffer, B. (2014). The structuration of socio-technical regimes—Conceptual foundations from institutional theory. *Research Policy, 43* (4), 772-791.

Gavetti, G., Greve, H. R., Levinthal, D. A., & Ocasio, W. (2012). The behavioral theory of the firm: Assessment and prospects. *Academy of Management Annals, 6* (1), 1-40.

Gehman, J., Glaser, V. L., Eisenhardt, K. M., Gioia, D., Langley, A., & Corley, K. G. (2018). Finding theory-method fit: A comparison of three qualitative approaches to theory building. *Journal of Management Inquiry, 27* (3), 284-300.

Gioia, D. A., Corley, K. G., & Hamilton, A. L. (2013). Seeking qualitative rigor in inductive research: Notes on the Gioia methodology. *Organizational Research Methods, 16* (1), 15-31.

Glaser, B. G., & Strauss, A. L. (1967). *The discovery of grounded theory: Strategies for qualitative research.* Mill Valley, CA: Sociology Press.

Greenwood, R., Díaz, A. M., Li, S. X., & Lorente, J. C. (2010). The multiplicity of institutional logics and the heterogeneity of organizational responses. *Organization Science, 21* (2), 521-539.

Greenwood, R., Oliver, G., Sahlin, K., & Suddaby, R. (2008). Introduction. In R. Greenwood, C. Oliver, K. Sahlin, & R. Suddaby (Eds.), *The sage handbook of organizational institutionalism* (pp. 1-46). London: Sage.

Greenwood, R., Raynard, M., Kodeih, F., Micelotta, E. R., & Lounsbury, M. (2011). Institutional complexity and organizational responses. *Academy of Management Annals, 5* (1), 317-371.

Greenwood, R., & Suddaby, R. (2006). Institutional entrepreneurship in mature fields: The big five accounting firms. *Academy of Management Journal, 49* (1), 27-48.

Hahn, T., Preuss, L., Pinkse, J., & Figge, F. (2014). Cognitive frames in corporate sustainability: Managerial sensemaking with paradoxical and business case frames. *Academy of Management Review, 39* (4), 463-487.

Hinings, C. R., Logue, D. M., & Zietsma, C. (2017). Fields, institutional infrastructure and governance. In C. Oliver, T. B. Lawrence, & R. E. Meyer (Eds.), *The sage handbook of organizational institutionalism* (pp. 216-245). London: Sage.

Inkpen, A. C. & Tsang, E. W. (2005). Social capital, networks, and knowledge transfer. *Academy of Management Review, 30,* 146-165.

Ioannou, I., & Serafeim, G. (2015). The impact of corporate social responsibility on investment recommendations: Analysts' perceptions and shifting institutional logics. *Strategic Management Journal, 36* (7), 1053-1081.

Jay, J. (2013). Navigating paradox as a mechanism of change and innovation in hybrid organizations. *Academy of Management Journal, 56* (1), 137-159.

Kitchener, M. (2002). Mobilizing the logic of managerialism in professional fields: The case of academic health centre mergers. *Organization Studies, 23* (3), 391-420.

Kline, S. J. & N. Rosenberg (1986). An Overview of Innovation. In R. Landau and N. Rosenberg (Eds.), *The positive sum strategy: Harnessing technology for economic growth* (pp.275-304). Washington D.C.: National Academy Press.

Kraatz, M. S., & Block, E. S. (2008). Organizational implications of institutional pluralism. In R. Greenwood, C. Oliver, R. Suddaby, & K. Sahlin-Andersson (Eds.), *The sage handbook of organizational institutionalism* (pp. 243-275). Thousand Oaks: Sage.

Lounsbury, M. (2002). Institutional transformation & status mobility: The professionalization of the field of finance. *Academy of Management Journal, 45* (1), 255-266.

Lounsbury, M. (2007). A tale of two cities: Competing logics and practice variation in the professionalizing of mutual funds. *Academy of Management Journal, 50* (2), 289-307.

Lounsbury, M. (2008). Institutional rationality and practice variation: New directions in the institutional analysis of practice. *Accounting, Organizations and Society, 33* (4), 349-361.

Luhman, N. (2000). *Organisation and Entscheidung,* Wiesbaden: Westdeutscher Verlag.

Malsch, B., & Gendron, Y. (2013). Re - theorizing change: Institutional experimentation and the struggle for domination in the field of public accounting. *Journal of Management Studies, 50* (5), 870-899.

Marquis, C., & Lounsbury, M. (2007). Vive la résistance: Competing logics and the consolidation of US community banking. *Academy of Management Journal, 50* (4), 799-820.

McCartney, P. (1967). *Hello Goodbye.* London: EMI Recording Studio.

McPherson, C. M., & Sauder, M. (2013). Logics in action: Managing institutional complexity in a drug court. *Administrative Science Quarterly, 58* (2), 165-196.

Meyer, J. W., & Rowan, B. (1977). Institutionalized organizations: Formal structure as myth and ceremony. *American Journal of Sociology, 83* (2), 340-363.

Miller, D., Le Breton - Miller, I., & Lester, R. H. (2011). Family and lone founder ownership and strategic behaviour: Social context, identity, and institutional logics. *Journal of Management Studies, 48* (1), 1-25.

Mutch, A. (2018). Practice, substance, and history: Reframing institutional logics. *Academy of Management Review, 43* (2), 242-258.

Ocasio, W., Thornton, P. H., & Lounsbury, M. (2017). Advance to the institutional logics perspective. In C. Oliver, T. B. Lawrence, & R. E. Meyer (Eds.), *The sage handbook of organizational institutionalism* (pp. 509-531). London: Sage.

Oliver, C. (1991). Strategic responses to institutional processes. *Academy of Management Review, 16* (1), 145-179.

Pache, A. C., & Santos, F. (2010). When worlds collide: The internal dynamics of organizational responses to conflicting institutional demands. *Academy of Management Review, 35* (3), 455-476.

Pache, A. C., & Santos, F. (2013). Inside the hybrid organization: Selective coupling as a response to competing institutional logics. *Academy of Management Journal, 56* (4), 972-1001.

Perkmann, M., McKelvey, M., & Phillips, N. (2018). Protecting scientists from Gordon Gekko: How organizations use hybrid spaces to engage with multiple institutional logics. *Organization Science, 30* (2), 298-318.

Perkmann, M., Salandra, R., Tartari, V., McKelvey, M., & Hughes, A. (2021). Academic engagement: A review of the literature 2011-2019. *Research Policy, 50* (1), 104-114.

Pratt, M. G., Kaplan, S., & Whittington, R. (2020). The tumult over transparency: Decoupling transparency from replication in establishing trustworthy qualitative research. *Administrative Science Quarterly, 65* (1), 1-19.

Reay, T., & Hinings, C. R. (2005). The recomposition of an organizational field: Health care in Alberta. *Organization Studies, 26* (3), 351-384.

Reay, T., & Hinings, C. R. (2009). Managing the rivalry of competing institutional logics. *Organization Studies, 30* (6), 629-652.

Risch, M. (2012). Patent troll myths. *Seton Hall Law Review, 42*, 457-499.

Rossi, F., Rosli, A., & Yip, N. (2017). Academic engagement as knowledge co-production and implications for impact: Evidence from Knowledge Transfer Partnerships. *Journal of Business Research, 80*, 1-9.

Rubin, T. H., Aas, T. H., & Stead, A. (2015). Knowledge flow in technological business incubators: evidence from Australia and Israel. *Technovation, 41*, 11-24.

Santos, F. M., & Eisenhardt, K. M. (2009). Constructing markets and shaping boundaries: Entrepreneurial power in nascent fields. *Academy of Management Journal, 52* (4), 643-671.

Sauermann, H., & Stephan, P. (2013). Conflicting logics? A multidimensional view of industrial and academic science. *Organization Science, 24* (3), 889-909.

Schildt, H., & Perkmann, M. (2017). Organizational settlements: Theorizing how organizations respond to institutional complexity. *Journal of Management Inquiry, 26* (2), 139-145.

Shah, S. K., & Pahnke, E. C. (2014). Parting the ivory curtain: Understanding how universities support a diverse set of startups. *Journal of Technology Transfer, 39* (5), 780-792.

Smets, M., Morris, T. I. M., & Greenwood, R. (2012). From practice to field: A multilevel model of practice-driven institutional change. *Academy of Management Journal, 55* (4), 877-904.

Smets, M., Jarzabkowski, P., Burke, G. T., & Spee, P. (2015). Reinsurance trading in Lloyd's of London: Balancing conflicting-yet-complementary logics in practice. *Academy of Management Journal, 58* (3), 932-970.

Smith, W. K. (2014). Dynamic decision making: A model of senior leaders managing strategic paradoxes. *Academy of Management Journal, 57* (6), 1592-1623.

Souitaris, V., Zerbinati, S., & Liu, G. (2012). Which iron cage? Endo-and exoisomorphism in corporate venture capital programs. *Academy of Management Journal, 55* (2), 477-505.

Stalk, D. (2011). *The sense of dissonance: Accounts of worth in economic life.* Princeton, NJ: Princeton University Press.

Suchman, M. C. (1995). Managing legitimacy: Strategic and institutional approaches. *Academy of Management Review, 20* (3), 571-610.

Suwala, L., Pachura, P., & Schlunze, R. D. (2022). Management Geography-Making Place for Space in Management Thought. *Polish Journal of Management Studies, 25* (2), 323-340.

Swidler, A. (1986). Culture in action: Symbols and strategies. *American Sociological Review, 51* (2), 273-286.

Szulanski, G. (2003). *Sticky knowledge.* London: Sage.

Thornton, P. H. (2004). *Markets from culture: Institutional logics and organizational decisions in higher education publishing.* California, CA: Stanford University Press.

Thornton, P. H., Jones, C., & Kury, K. (2005). Institutional logics and institutional change in organizations: Transformation in accounting, architecture, and publishing. In C. Jones, & P. H. Thornton (Eds.), *Transformation in cultural industries* (pp. 125-170). Emerald Group Publishing Limited.

Thornton, P. H., & Ocasio, W. (1999). Institutional logics and the historical contingency of power in organizations: Executive succession in the higher education publishing industry, 1958-1990. *American Journal of Sociology, 105* (3), 801-843.

Thornton, P. H., & Ocasio, W. (2008). Institutional logics. In R. Greenwood, C. Oliver, K. Sahlin, & R. Suddaby (Eds.), *The sage handbook of organizational institutionalism* (pp. 99-129). London: Sage.

Thornton, P. H., Ocasio, W., & Lounsbury, M. (2012). *The institutional logics perspective: A new approach to culture, structure, and process.* Oxford: Oxford University Press.

Toubiana, M., & Zietsma, C. (2017). The message is on the wall? Emotions, social media and the dynamics of institutional complexity. *Academy of Management Journal, 60* (3), 922-953.

Tracey, P., Phillips, N., & Jarvis, O. (2011). Bridging institutional entrepreneurship and the creation of new organizational forms: A multilevel model. *Orga-*

nization Science, 22（1）, 60-80.

Tuan, Y. F.（1977）. *Space and place: The perspective of experience.* University of Minnesota Press.

Van Maanen, J.（1988）. *Tales of the field: On writing ethnography.* University of Chicago Press.

Volberda, H. W., Foss, N. J. & Lyles, M. A.（2010）. Absorbing the concept of absorptive capacity: How to realize its potential in the organization field. *Organization Science, 21,* 931-951.

Voronov, M., De Clercq, D., & Hinings, C. R.（2013）. Institutional complexity and logic engagement: An investigation of Ontario fine wine. *Human Relations, 66*（12）, 1563-1596.

Wry, T., & York, J. G.（2017）. An identity-based approach to social enterprise. *Academy of Management Review, 42*（3）, 437-460.

Zahra, S. A. & George, G.（2002）. Absorptive capacity: A review, reconceptualization, and extension. *Academy of Management Review, 27,* 185-203.

Zietsma, C., Groenewegen, P., Logue, D. M., & Hinings, C. R.（2017）. Field or fields? Building the scaffolding for cumulation of research on institutional fields. *Academy of Management Annals, 11*（1）, 391-450.

Zucker, L. G.（1977）. The role of institutionalization in cultural persistence. *American Sociological Review, 42,* 726-743.

事項索引

人名索引

▨▨著者略歴

舟津昌平（ふなつ しょうへい）

1989年奈良県生まれ。2012年京都大学法学部卒業。2014年京都大学大学院経営管理教育部修了，専門職修士（経営学）。2019年京都大学大学院経済学研究科修了，博士（経済学）。京都大学大学院経済学研究科特定助教，京都産業大学経営学部助教を経て，現在同大学准教授。社会活動として，中央職業能力開発協会ビジネス・キャリア検定試験委員，証券アナリスト（CMA）講座テキスト執筆など。

（主要業績）
「現場に根ざしたイノベーション正統化プロセス：モスフードサービスの『次世代モス開発部』導入を題材とした事例研究」『日本経営学会誌』*39*，26-36（2017年）。
「制度ロジック多元性下において科学と事業を両立させる組織の対応―産学連携プロジェクトを題材とした事例研究―」『組織科学』*54*（2），48-61（2020年）。
『経営学の入門』2章・5章，法律文化社（2021年，具滋承らと分担執筆）。
『組織変革論』中央経済社（2023年）。

せい ど ふく ざつ せい
制度複雑性のマネジメント
みん り さく そう そ しき たい おう
論理の錯綜と組織の対応

〈検印省略〉

▨▨発行日――2023年3月16日　初版発行
　　　　　　2023年6月16日　第3刷発行

ふな つ しょうへい
▨▨著　者――舟津昌平

▨▨発行者――大矢栄一郎

はくとうしょぼう
▨▨発行所――株式会社　白桃書房
　　　　　　〒101-0021　東京都千代田区外神田5-1-15
　　　　　　☎03-3836-4781　📠03-3836-9370　振替00100-4-20192
　　　　　　https://www.hakutou.co.jp/

▨▨印刷・製本――藤原印刷

Ⓒ FUNATSU, Shohei 2023　Printed in Japan　ISBN 978-4-561-26779-9 C3034

本書のコピー，スキャン，デジタル化等の無断複製は著作権法上での例外を除き禁じられています。本書を代行業者等の第三者に依頼してスキャンやデジタル化することは，たとえ個人や家庭内の利用であっても著作権法上認められておりません。

🆓 〈出版者著作権管理機構　委託出版物〉
本書の無断複写は著作権法上での例外を除き禁じられています。複写される場合は，そのつど事前に，出版者著作権管理機構（電話03-5244-5088，FAX 03-5244-5089，e-mail：info@jcopy.or.jp）の許諾を得てください。
落丁本・乱丁本はおとりかえいたします。

好 評 書

デニス　トゥーリッシュ【著】
佐藤郁哉【訳】

経営学の危機
—詐術・欺瞞・無意味な研究　　　　　　　　　　本体 3,364 円

組織学会【編】

組織論レビュー　Ⅲ　　Ⅳ　　　　　　　　本体各 3,000 円

石井正道【著】

非連続イノベーションの戦略的マネジメント　改訂版
　　　　　　　　　　　　　　　　　　　　　　本体 2,818 円

田路則子【著】

起業プロセスと不確実性のマネジメント
—首都圏とシリコンバレーの Web ビジネスの成長要因　　本体 3,200 円

兒玉公一郎【著】

業界革新のダイナミズム
—デジタル化と写真ビジネスの変革　　　　　　本体 6,100 円

小沢一郎【著】

進化的イノベーションのダイナミクス
—変革期を超克する組織能力マネジメント　　　本体 3,545 円

東京 白桃書房 神田
本広告の価格は本体価格です。別途消費税が加算されます。